명심보감으로
배우는 한자

LP 삶의 깨우침이 있는 한자 공부 002

明心寶鑑

명심보감으로
배우는 한자

앨피

| 어휘력 향상을 위한 한문 자습서 |

두 마리 토끼를 잡는 일이 불가능한 경우가 많다는 사실을 잘 알면서도 세 마리 토끼를 잡을 수 있다는 생각을 해 보았다. 바로《명심보감明心 寶鑑》을 읽고 나서다. 인문적 소양素養을 기를 수 있고, 공부와 일상생 활에 필요한 어휘력語彙力을 기를 수 있으며, 더하여 사고력까지 기를 수 있다는 생각을 한 것이다. 이것이《명심보감》을 읽고 또 읽으면서 미소를 짓고 또 지을 수 있었던 이유이고, 긴 시간 동안 컴퓨터 앞에 쪼 그리고 앉아 자판을 두드리면서도 콧노래를 부를 수 있었던 이유이다.

인문학이 중요하다는 이야기를 많이 듣는다. 그렇다. 인간다운 삶을 위해 필요한 것 중 하나가 인문학적 소양이다. 인문학적 소양을 위해 반드시 읽어야만 하는 책이《명심보감》이다. 슬렁슬렁 읽지 말고 천천 히, 곱씹으며 읽어야 한다.

어휘력이 중요하다는 이야기를 많이 듣는다. 어휘력은 나의 언어 수 준은 물론이고, 내 사고의 틀과 내용 자체를 규정짓는다. 그럼에도 불 구하고 어휘력 증진을 위해 노력하는 사람은 많지 않다. 영어 어휘력 없이는 영어를 할 수 없다는 사실은 잘 알면서, 우리말 어휘력의 중요 성에 대한 인식은 많이 부족한 듯하다. 영어 단어와 숙어를 암기하는 시간보다 우리말을 공부하는 시간을 더 많이 할애해야 맞는데 현실은 전혀 그렇지 못하다. 'Fund'가 '기금'인 줄은 아는데 '기금基金'이 무엇인 줄 모른다면 그것이 무슨 소용인가.

대학수학능력시험은 사고력을 측정하는 시험이라고 이야기한다. 그런데 대학 입시에 목을 매는 학생들조차도 사고력 증진을 위해 노력하지 않는다. 생각하는 시간 자체를 시간 낭비라고 생각하는 듯하다. 많이 배운다고 사고력이 늘까? 생각을 많이 해야 생각하는 힘이 커진다.

《명심보감》은 《천자문千字文》과 함께 조선시대의 대표적인 초학 입문용 교재로, 우리 민족과 호흡을 같이한 고전古典이다. 그런데 서점에 나와 있는 수많은 《명심보감》을 보면서 고개를 갸우뚱하였던 것은 하나같이 스스로 학습하기에는 너무나 부족한 편집 때문이다. 내용과 의미만을 중시한 '인성 교육용' 책이 대부분이다. 물론 《명심보감》에는 도덕적으로, 또 철학적으로 음미할 대목이 적지 않다. 그러나 《명심보감》의 애초 발간 목적이 무엇이었는지를 생각해 보면 이 책의 활용법이 나온다. 중국 고전 중 '쉽고 의미 있는' 내용을 가려 뽑은 '어린이들의 인격 수양을 위한 교양서'가 《명심보감》인 것이다.

《명심보감》이 한문 교육용 교재라는 사실을 망각하고 인성 교육용으로만 생각하여 한자漢字를 장식용으로만 집어넣은 책은 《명심보감》의 원래 취지와도 맞지 않을 뿐 아니라, 자칫 지루한 '공자님 말씀' 책이 되기 십상이다. 스스로 재미있게 공부할 수 있는 책이 필요하다는 생각이 들었고, 한자 학습을 통해 어휘력까지 기를 수 있으면 좋겠다고 생각했다. 더불어 직역을 하고 의미를 이해하는 과정에서 사고력까지 기를 수 있다면 금상첨화가 아닐까.

아주 기초적인 한자漢字까지 한 자字 한 자字 철저하게 분석한 것은 한자를 전혀 모르는 사람도 혼자서 즐거운 마음으로《명심보감》을 읽을 수 있도록 하자는 생각에서였고, 한 글자 한 글자 해석 순서를 적은 것은 스스로 직역을 하면서 문장을 만들어 보기를 바라는 마음에서다. 그렇게 한 꼭지 한 꼭지 읽다 보면 저절로 인문적 소양과 어휘력, 사고력이라는 '세 마리 토끼'를 잡게 될 것이다.

한 권으로 하기에는 분량이 너무 많아 땀 흘려 썼던 원고를 편집 과정에서 상당수 덜어 내는 아픔이 있었다. 전편을 싣지는 못하였지만 생활에 꼭 필요한 내용은 그대로 살아 있기에 새롭게 편집한《명심보감》이 원본의 메시지를 전하는 데에는 부족함이 없으리라 생각한다.

명심보감明心寶鑑이다. 밝게 할 명明·마음 심心·보배 보寶·거울 감鑑으로 '마음을 밝게 만들어 주는 보배로운 거울'과 같은 책이다. 꼼꼼히 읽고 또 읽어서 부디 삶의 바른 지침을 얻고, 한자 어휘력까지 향상시키길 바란다.

2016년 11월

권승호

【正己】

【安分】

| 명심보감에 대하여 |

　《명심보감明心寶鑑》은 중국中國의 경전經典, 역사서歷史書, 제자諸子, 문집文集 등 고전古典에 나온 수많은 선현들의 금언金言과 명구名句 중에서 비교적 쉽고 의미 있는 내용만을 뽑아서 편집한 책이다. 고려 충렬왕 때 추적秋適이 중국 고전에서 쉽고 중요한 문장들만을 뽑아 엮어서 19편 247조로 구성하였고, 이것을 명나라 사람 범입본范立本이 내용을 추가하여 20편 798조로 증편하였는데, 이것이 다시 우리나라로 역유입되었다고 한다. 유儒・불佛・선仙의 복합된 사상을 망라하여 편찬한《명심보감》은 한국인의 삶과 함께 호흡해 온 고전이라 하기에 부족함이 없는 책인 것이다.

　'밝게 할 명明' '마음 심心'의 명심明心은 명륜明倫, 명도明道와 같이 마음을 밝게 한다는 뜻이고, '보배 보寶' '거울 감鑑'의 '보감寶鑑'은 글자 그대로는 '보배로운 거울'이라는 뜻이지만 보통은 '본보기가 될 만한 귀중한 일들을 모아 적은 책'이라는 의미로 쓰인다. 그렇기 때문에《명심보감》은 '마음을 밝게 만드는 귀중한 말들을 모아 놓은 책'이라고 할 수 있다. 자신의 내면을 성찰하여 지혜롭게 살도록 도와주면서 동시에 마음을 다스리는 데 유익한 역할을 하는 책이라고 할 수 있다. 간결하지만 보배와 같은 내용은 인격 수양을 돕는 데 충분하다고 이야기할 수 있으며, 여러 세대에 걸쳐 축적된 현인들의 지혜는 동양의 전통적인 사상을 이해하는 데 부족함이 없다고 할 수 있다. 어느 한쪽으로 치우치지 않은 균형 잡힌 메시지, 인간의 보편적인 윤리도덕과 착한 심성을 강조하는 내용, 누구나 쉽게 이해할 수 있는 서술 방식은《명심보감》이 오랜 시간 많은 사람들로부터 사랑받을 수 있었던 이유였을 것이다.

《명심보감》은 고려 말 이후 가정과 서당에서 아동들의 학습 기본 교재로 쓰였고, 한문 초학자가《천자문千字文》을 배운 다음《동몽선습童蒙先習》과 함께 한문을 익히는 기초 과정 교재로 널리 보급되었다. 수백 년 동안 많은 사람들에게 즐겨 읽혀지면서 우리 민족의 정신적 가치관 형성에도 일익을 담당해 왔다. 인간 세상의 변치 않는 진리를 이야기하면서 사람답게 사는 방법을 직·간접으로 제시하는 책이기 때문에 이 책을 꼼꼼이 생각하면서 읽는다면 올바른 윤리와 도덕을 자연스럽게 체득할 수 있다. 공부를 시작하는 초학자들에게는 교과서와 같은 책이면서, 공부를 어느 정도 한 어른들이 읽기에도 부족함이 없는 인문교양서라고 할 수 있는 책인 것이다.

繼善

繼　善
이을 계　착할 선

- 착함을 이어 간다.
- 인간의 본성인 착함을 이어 가야 한다.
- 착한 일을 한 사람에게는 복이 가고 악한 일을 한 사람에게는 화가 미치기 때문에 착한 일을 계속하는 것이 현명하다.

子曰　爲善者　天報之以福
자 왈　위 선 자　천 보 지 이 복

爲不善者　天報之以禍
위 불 선 자　천 보 지 이 화

《孔子家語공자가어》〈在厄재액〉편 20장

➡ 공자가 말하기를 "선을 행하는 자는 하늘이 복으로써 그 사람에게 보답하고, 불선(악)을 행하는 자는 하늘이 재앙으로써 그 사람에게 보답한다."

핵심 한자 풀이

子
공자 자

① 아들 자손子孫　② 첫째 자시子時(밤 11시～오전 1시)
③ 사람 남자男子　④ 알 정자精子　⑤ 열매 종자種子
⑥ 당신, 2인칭 대명사, 학덕과 지위가 높은 남자에 대한 경칭
　공자孔子　⑦ 물건에 붙는 접미사 의자椅子

孔子
공 자

기원전 552～기원전 479, 중국 춘추시대 말기 노魯나라 사람. 이름은 구됴이고, 자는 중니仲尼이다. 30년 동안 여러 나라를 돌아다니며 나라를 다스리는 이상적인 도리를 가르쳤고, 몇 차례 벼슬을 하여 자신의 뜻을 실현하려 하였지만 뜻을 이루지 못하였다. 인仁을 근본으로 하는 윤리도덕을 강조하였고, 제자들이 그의 언행을 기록하여 《논어論語》 7권을 편찬하였다. 예수, 석가와 함께 '세계 3대 성인聖人'으로 일컬어진다.

曰 가로 **왈**	말하다

爲
할 **위**

① ~하다 ② ~위하다 ③ ~되다 ④ ~이다
위정자爲政者 : 정치를 하는 사람. 정치 정政, 사람 자者
위국충절爲國忠節 : 나라를 위한 충성스러운 절개. 나라 국國, 충
  성 충忠, 절개 절節
위인爲人 : 사람 됨됨이. 사람 인人

善
착할 **선**

① 착하다 ② 좋다 ③ 사이가 좋다 ④ 잘하다
⑤ 옳게 여기다
선량善良 : 착하고 어질다. 어질 량良
선도善導 : 좋은(올바른) 방향으로 이끌어 감. 이끌 도導
선린정책善隣政策 : 이웃과 친선을 꾀하기 위한 다스림의 꾀. 이
  웃 린隣, 다스릴 정政, 꾀 책策
선용善用 : 알맞게 잘 사용함. 사용할 용用
독선獨善 : 자기 혼자만이 옳다고 믿고 생각하는 일. 홀로 독獨

者
사람 **자**

① 사람 ② 것 ③ 곳 ④ 때 ⑤ 어조사
'者'를 '놈 자'라고 이야기하는데, 현재는 '놈'이 비어卑語로 사
용되고 있지만 옛날에는 평범한 사람을 가리키는 평칭어平稱
語였다. '者'는 '사람'이라는 의미 외에 물건, 장소, 시간의 의미
로도 많이 쓰인다. '農者天下之大本'에서 '農者농자'는 '농사짓
는 사람'이 아니라 '농사라는 것'이라고 해석해야 옳다.

天
하늘 **천**

① 하늘 ② 하느님 ③ 자연 ④ 임금
천체天體 : 우주 공간에 떠 있는, 천문학의 대상이 되는 물체의
  총칭. 몸 체體
천벌天罰 : 하느님이 내리는 형벌. 형벌 벌罰
천연天然 : 자연 그대로, 타고난 그대로. 그러할 연然

천자天子 : 임금, 황제. 하느님의 아들. **아들 자子**

報
갚을 보

① 갚다 ② 대답하다 ③ 알리다

보답報答 : 남의 호의好意나 은혜恩惠를 갚음. **갚을 답答**

보고報告 : 일의 내용이나 결과를 말이나 글로 대답하여 알림.
　　알릴 고告

보도報道 : 나라 안팎에서 생긴 일을 전하여 알려 줌. **말할 도道**

之
관형격 지

① ~의 ② 그것(대명사)　③ ~이　④ ~을 ⑤ 가다

일반적으로 '갈 지'라는 이름으로 불리지만, 사실은 '가다'라는
의미보다 관형격 조사(~의)나 대명사(그, 그것)로 더 많이 쓰
인다. 여기서는 앞 문장 '爲善者'를 대신하는 대명사로 쓰였다.

以
써 이

~으로써

福
복 복

① 복(상서롭다)

② 음복飮福, 제사를 마치고 제관이 제사에 쓴 술이나 제사
　음식을 먹는 일

禍
재앙 화

재화, 재앙

漢昭烈　將終　勅後主曰　勿以善小
한 소 열　장 종　칙 후 주 왈　물 이 선 소

而不爲　勿以惡小而爲之
이 불 위　물 이 악 소 이 위 지

《三國志삼국지》〈觸地촉지〉‘先主劉備傳선주유비전’

➡ 한나라 소열 황제가 장차 임종臨終에 다다랐을 때 후주後主(뒤를 이을 군주, 아들)에게 조칙操飭을 내려 말하기를 "선이 작다고 함으로써 그러나 하지 말지를 말고, 악이 작다고 함으로써 그러나 그것을 하지를 마라."

핵심 한자 풀이

漢昭烈
한 소 열

촉한蜀漢의 소열 황제(재위 기원전 221~기원전 223). 성姓은 유劉, 이름은 비備, 자字는 현덕玄德. 제갈량의 힘을 얻어 촉한을 세우고 위魏나라 오吳나라와 더불어 삼국三國을 형성하였다. 소열昭烈은 유비가 죽은 뒤 붙인 시호이다.

將
장차 **장**

① 장차 ② 장수 ③ 나아가다

장래將來 : 장차 오게 되는 날. 앞날. 미래. 올 래來

장교將校 : 군대의 지휘관. 장교 교校

일취월장日就月將 : 날마다 나아가고 달마다 나아가면서 발전함. 날 일日, 나아갈 취就, 달 월月

21

終
죽을 **종**

① 죽다 ② 끝내다(마치다) ③ 마지막 ④ 마침내
임종臨終 : 부모님이 돌아가시려고 할 때에나 사람의 목숨이 끊
   어지려 할 때에 그 옆에 모시고 있음. **임할 임臨**
종결終結 : 끝을 냄. 일을 마침. **맺을 결結**
종말처리장終末處理場 : 마지막으로 처리하는 장소, 하수下水를
   하천이나 바다 등 공유수면公有水面에 흘려보내기 위해 최종
   적으로 처리하는 시설. **끝 말末, 처리할 처處, 다스릴 리理, 장소 장場**
종내終乃 : 마침내. 필경에. 끝끝내. **이에 내乃**

勑
말할 **칙**

① 임금의 명령 ② 경계하다
'명령하다' '경계하다'는 의미로 많이 쓰이지만 여기서는 '왕이
유언을 하다'는 의미로 보아야 한다.

後主
후 주

뒤를 이은 군주. 여기서는 소열황제의 아들 유선劉禪을
가리킴. 유비의 뒤를 이어 촉한의 제2대 임금으로서 천하
통일을 이루려 하였으나, 제갈량이 죽은 뒤에 힘을 잃고
위나라에 항복했다.

勿
말 **물**

① '~하지 마라' ② '없다'
여기서 '勿'은 '~말라'는 의미로 뒤에 오는 내용 전체를 금지
한다는 의미다.

小
작을 **소**

① 작다 ② 자기나 자기에 관한 것을 낮추는 말.
적소성대積小成大 : 작은 것도 모이면 큰 것을 이룸. **쌓을 적積, 이
  룰 성成**
소인小人 : 윗사람 앞에서 자신을 낮추어 이르는 말.

而 말 이을 **이**

① 그리고 ② 그러나
접속사로 쓰이며, 문맥에 따라 '그리고' 또는 '그러나'로 해석됨.

惡 나쁠 **악**

① 악하다(나쁘다) ② 미워하다 **오**
악평惡評 : 나쁘게 평가함. **평가할 평評**
수오지심羞惡之心 : 불의不義를 부끄러워하고 착하지 못함을 미워하는 마음. **부끄러워할 수羞, ~의 지之**

之 그것 **지**

'之'를 '갈 지'라고 말하는데, 사실 '가다(go)'라는 의미로는 별로 쓰이지 않는다. 관형격 조사 '~의'로 가장 많이 쓰이고, 대명사 '그것'으로 많이 쓰이며, 주격 조사와 목적격 조사로도 쓰인다. 위 문장에서 '악惡'을 대신하는 대명사로 쓰였다.

보잘것없는 선행, 아주 작은 착한 일이라는 이유로 무시하고 행하지 않는 경우가 있는데 이것은 잘못된 일이고, 아주 작은 악행이라는 이유로 생각 없이 그것을 행하는 경우도 있는데 이 역시 현명하지 못한 행동이다. 아무리 작은 선행이라도 하는 것이 좋고, 아무리 작은 악행이라도 해서는 안 되는 것이다.

莊子曰　一日不念善　諸惡皆自起
장 자 왈　일 일 불 념 선　제 악 개 자 기

➡ 장자가 말하기를 "하루라도 선을 생각하지 아니하면 모든 악이 다 저절로 일어나느니라."

핵심 한자 풀이

莊子
장 자

전국시대戰國時代 말기 송나라 사람(기원전 369~기원전 289). 노자老子의 설을 중심으로 《장자》 33편을 지었고 노자의 무위자연설無爲自然說을 크게 발전시켜서 노장사상老莊思想을 만들어 냈다. 수많은 우언寓言과 비유譬喩를 통해 드러나는 장자의 심오한 사상과 문장력은 유가사상儒家思想을 바탕으로 세워진 조선에도 영향을 끼쳤다.

日
날 **일**

① 날 ② 태양 ③ 낮 ④ 일본
일신우일신日新又日新 : 날마다 새롭게 하고 또 날마다 새롭게 함. 새로울 신新, 또 우又
일과표日課表 : 그날그날 할 일을 매겨 놓은 표. 매길 과課, 표 표表
일몰日沒 : 태양이 서쪽 하늘에 잠겨 사라짐. 잠길 몰沒
일야日夜 : 낮과 밤. 밤 야夜
한일전韓日戰 : 한국과 일본의 싸움. 한국 한韓, 싸움 전戰

念
생각 념

생각하다

묵념默念 : 말없이 조용히 생각에 잠김. 눈을 감고 말없이 조용히 생각에 잠김. **말없을 묵默**

염불念佛 : 부처님의 공덕을 생각하면서 나무아미타불을 부르는 일. **부처 불佛**

諸
모두 제

'모든' '여럿'이라는 의미로 많이 쓰이고, 어조사로도 쓰임.

Tip 어조사語助辭 : 焉언, 也야, 於어, 乎호 등과 같이 한문에서 실질적인 의미는 없으면서 다른 글자의 보조로만 쓰이는 글자

皆
모두 개

모두

개근상皆勤賞 : 학교나 근무지 따위에서 모든 날 동안 출석하거나 출근한 사람을 격려하여 주는 상. **일할 근勤, 상줄 상賞**

自
스스로 자

① 스스로 ② ~로부터(전치사)

자신감自信感 : 자신의 능력이나 가치를 믿는 느낌. **믿을 신信, 느낄 감感**

자칠월기망自七月旣望 : 칠월 기망(16일)으로부터. **이미 기旣, 보름 망望**

起
일어날 기

① 일어나다 ② 일으키다 ③ 행하다

기상起床 : 잠자리에서 일어남. **잠자리 상床**

기사회생起死回生 : 사고나 중병으로 죽음에 이르렀다가 일어나서 삶으로 돌아옴. **죽을 사死, 돌아올 회回, 살 생生**

기소起訴 : 하소연을 행함, 검사에 의해 법원에 심판 요구를 행함. **하소연할 소訴**

太公曰 見善如渴 聞惡如聾
태공왈　견선여갈　문악여롱

又曰 善事須貪 惡事莫樂
우왈　선사수탐　악사막락

➡ 태공이 말하기를 "착한 일을 보면 목마른 것같이 하고, 악한 일에 대해 들으면 귀머거리같이 하라". 또 말하기를 "착한 일은 모름지기 탐내고 악한 일은 즐겨 하지 마라."

핵심 한자 풀이

太公
태공

성姓은 강姜, 이름은 상尙이다. 낚시질하다가 기용起用되어 무왕을 도와 은나라 주왕을 멸망시킨 정치가政治家이자 병략가兵略家. 때를 기다리며 위수渭水 가에서 끝이 곧은 바늘로 낚시질을 하면서 세월을 보내다가 여든이 되어서야 문왕을 만나 그의 스승이 되었다. 훗날 문왕의 아들인 무왕을 도와 은나라를 멸망시키고, 그 공로로 제나라에 봉함을 받아 그 시조가 되었다. 강태공은 '낚시꾼'이라는 뜻으로도 쓰인다.

見
볼 견

① 보다, 보이다 ② 생각 ③ 뵙다 [현] ④ 나타나다 [현]

견문見聞 : 보고 들음 또는 그 지식. 들을 문聞

견해차見解差 : 보고 해석한 바의 차이. 사물이나 현상에 대한

생각의 차이. 해석할 해解, 차이 차差

알현謁見 : 지체 높은 사람을 만나 뵈는 일. 만날 알謁

독서백편의자현讀書百遍意自見 : 글(책)을 읽음에 백 번(여러 번)을 읽게 되면 뜻이 저절로 나타남. 같은 책을 여러 번 되풀이하여 읽으면 저절로 뜻을 알게 됨. **읽을 독讀, 글 서書, 일백 백百, 두루 편遍, 뜻 의意, 저절로 자自**

如 같을 여	같다

渴 목마를 갈

① 목마르다 ② 마르다

갈증渴症 : 목마름의 증세. 목마른 사람이 물을 찾듯 무엇을 간절히 바람. **증세 증症**

고갈枯渴 : 마르고 말라 버림, 물이 말라 없어짐, 물품 등이 다하여 없어짐. **마를 고枯**

聞 들을 문

① 귀로 듣다(들리다) ② 냄새 맡다 ③ 이름나다

풍문風聞 : 바람결에 들리는 소식, 세상에 떠도는 소문. **바람 풍風**

문향聞香 : 향기 냄새를 맡음. **향기 향香**

명문천하名聞天下 : 천하(세상)에 이름남(알려짐), 널리 퍼짐.

聾 귀먹을 롱

① 귀먹다 ② 어둡다

농아聾啞 : 귀머거리와 벙어리. **벙어리 아啞**

농속聾俗 : 어리석은 속인俗人.

事 일 사

① 일(업무·사건) ② 섬기다

사리事理 : 일의 이치. **이치 리理**

사대주의事大主義 : 큰 나라를 섬기는 일. 주체성 없이 세력이 강한 나라나 사람을 좇아 존립을 유지하려는 주의.

須 모름지기 수

① 모름지기 ② 잠깐 ③ 필요하다

貪
탐낼 **탐**

탐내다

탐관오리貪官汚吏 : 재물을 탐내는 관리와 더러운 관리. **벼슬아치 관官, 더러울 오汚, 벼슬아치 리吏**

식탐食貪 : 먹을 것을 탐냄, 음식을 욕심 사납게 탐냄. **먹을 식食**

莫
말 **막**

① 없다, 아니다 ② 더할 수 없다

막론莫論 : 의논할 가치가 없음. **의논할 론論**

막대莫大 : 더할 수 없이 큼, 말할 수 없이 큼.

樂
즐길 **락**

① 즐기다 **락** ② 음악 **악** ③ 좋아하다 **요**

오락娛樂 : 재미있게 놀아서 기분을 즐겁게 하는 일. **즐거워할 오娛**

낙관적樂觀的 : 장래를 즐겁게 보는 경향. 미래를 밝고 희망적으로 예측함. **볼 관觀**

악곡樂曲 : 음악의 곡조. 곡조를 나타내는 부호. **노래 곡曲**

요산요수樂山樂水 : 산을 좋아하고 물을 좋아함.

馬援曰 終身行善 善猶不足
마 원 왈 　 종 신 행 선 　 선 유 부 족

一日行惡 惡自有餘
일 일 행 악 　 악 자 유 여

➡ 마원이 말하기를 "몸이 다할 때까지(종신토록) 착한 일을 행하
여도 착함은 오히려 부족하고, 하루 악을 행해도 악은 스스로
남음이 있느니라."

핵심 한자 풀이

馬援 마 원	중국 후한 때의 장수. 광무제光武帝를 도와 티베트를 정벌 하고 남방교지南方交趾의 반란을 평정하고 흉노를 토벌하는 등 많은 무공武功을 세움.

終
마칠 **종**

① 마치다(끝내다) ② 죽다

종결終結 : 일을 마침, 끝을 냄. **맺을 결結**

종신연금終身年金 : 몸을 마칠(죽을) 때까지 해마다 받는 돈. 사
망할 때까지 매년 받을 수 있는 일정 금액.

身
몸 신

종신終身 : 살아 있는 동안. 한평생을 마침.

살신성인殺身成仁 : 자신의 몸을 죽여 인仁을 이룸. 자기自己 몸을 희생犧牲하여 옳은 도리를 행함. **이룰 성成, 어질 인仁**

行
행할 행

① 행하다 ② 다니다(걷다) ③ 여행 가다 ④ 가게
⑤ 행서 ⑥ 항렬 **항**

실행實行 : 실제로 행함. **실제 실實**

행로行路 : 길, 세상을 살아 나가는 길. **길 로路**

행장行裝 : 여행할 때 쓰이는 모든 기구. **길 떠날 준비할 장裝**

은행銀行 : 은銀(돈)을 거래하는 가게, 일반인의 예금을 맡고 그것을 기업 등에 대부해 주는 가게. **돈 은銀**

행서行書 : 한자의 여섯 서체 중 하나. 해서를 약간 흘려 쓴 글씨체. **글씨 서書**

항렬行列 : 혈족의 방계에 대한 대수代數 관계를 나타내는 말. **줄 렬列**

猶
오히려 유

① 오히려 ② 같다 ③ 머뭇거리다

유부족猶不足 : 오히려 부족하다.

유부유자猶父猶子 : 아버지 같고 자식 같다는 의미로 삼촌과 조카 사이를 일컫는 말.

유예猶豫 : 머뭇거리고 준비만 한다. 일을 결행하는 데 날짜나 시간을 미루고 머뭇거린다. **머뭇거릴 예豫**

足
넉넉할 족

① 넉넉하다 ② 발

흡족洽足 : 윤택하고 넉넉하여 조금도 부족함이 없음. **윤택하게 할 흡洽**

수족手足 : 손과 발, 자신의 손과 발처럼 마음대로 부려먹는 사람. **손 수手**

동족방뇨凍足放尿 : 언 발에 오줌 놓기. 잠시의 효력이 있을 뿐 곧바로 그 효력은 없어지고 마침내는 더 나쁘게 됨. **얼 동凍, 놓을 방放, 오줌 뇨尿**

自
스스로 **자**

① 스스로 ② 자기 자신 ③ 저절로 ④ ~로부터

자주自主 : 남의 보호나 간섭 따위를 받지 않고 스스로 주인이 됨. **주인 주主**

자격지심自激之心 : 스스로 물결 부딪쳐 흐르는 것처럼 왔다 갔다 하는 마음. 어떤 일에 대해 자기 스스로 미흡하게 여기는 마음. **물결 부딪쳐 흐를 격激**

자연自然 : 저절로 그렇게 됨. 사람의 힘을 더하지 아니하고 저절로 된 상태. **그러할 연然**

자고이래自古以來 : 예로부터 내려와서.

有
있을 **유**

① 있다 ② 가지다 ③ 또

유명무실有名無實 : 이름은 있으나 실속이 없음.

소유권所有權 : 가질 수 있는 바의 권리. 목적물을 자유롭게 사용·수익·처분하는 등 완전히 지배할 수 있는 권리. **바 소所, 있을 유有, 권리 권權**

십유오년十有五年 : 10년 또 5년. 15년.

餘
남을 **여**

① 남다(나머지) ② 다른(딴) 일

여가餘暇 : 남은 시간. 겨를. **틈 가暇**

여념餘念 : 다른 생각. 생각하고 있는 대상 이외의 다른 생각. **생각 념念**

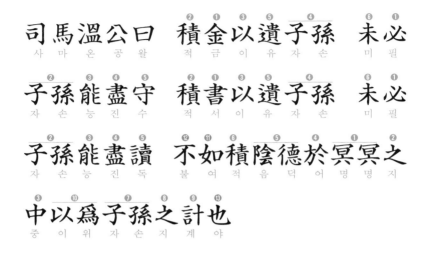

司馬溫公曰 積金以遺子孫 未必
사 마 온 공 왈 　 적 금 이 유 자 손 　 미 필

子孫能盡守 積書以遺子孫 未必
자 손 능 진 수 　 적 서 이 유 자 손 　 미 필

子孫能盡讀 不如積陰德於冥冥之
자 손 능 진 독 　 불 여 적 음 덕 어 명 명 지

中以爲子孫之計也
중 이 위 자 손 지 계 야

▶ 사마온공이 말하기를 "돈을 쌓아서 자손에게 남겨 준다 하더라
도 반드시 자손이 능히 다 지킬 수 있는 것이 아니고, 책을 쌓
아서 자손에게 남겨 준다 하더라도 반드시 자손이 능히 다 읽
을 수 있는 것이 아니다. 남모르는 가운데 음덕陰德을 쌓아 자
손을 위한 계책으로 삼는 것만 같지 못하느니라."

핵심 한자 풀이

司馬溫公
사 마 온 공

북송北宋 때 정치가이며 학자인 사마광司馬光
(1019~1086). 왕안석의 신법에 반대하고 은퇴하여
낙양에서 역사책을 쓰다가 철종이 즉위한 뒤에 재
상宰相이 되어 과거의 법을 부활시켰다. 시호는 문정공文正公.

積
쌓을 적

① 쌓다 ② 쌓이다

적소성대積小成大 : 작은 것도 쌓이면 큰 것을 이룸. 적은 것도 쌓다 보면 많아지게 됨.

金
돈 금

① 돈 ② 금 ③ 쇠 ④ 금빛 ⑤ 사람의 성씨姓氏 **김**

금융기관金融機關 : 돈을 융통하는 기관. 자금의 융통과 공급 및 그 중개를 하는 기관. **융통할 융融, 틀 기機, 중요한 곳 관關**

금관金冠 : 금으로 만든 왕관. **것 관冠**

금속활자金屬活字 : 쇠붙이로 만든 살아 있는(사용하고 또 사용하는) 글자. 인쇄에 쓰이는 일정 규격의 글자. **엮을 속屬, 살 활活, 글자 자字**

금발金髮 : 황금색의 머리. 서양인들의 황금빛 머리털. **머리털 발髮**

김구金九 : 독립운동가, 호는 백범. 저서에《백범일지》가 있음.

遺
남길 유

① 남기다 ② 잃다 ③ 버리다

유언遺言 : 임종 때 가족이나 사회에 남기는 말. **말씀 언言**

유실遺失 : 잃어버림. **잃을 실失**

유기죄遺棄罪 : 버린 죄. 보호해야 할 의무가 있는 사람이 늙거나 병들거나 어려서 도와주어야 할 대상임에도 돌보지 않고 버려 둔 죄. **버릴 기棄, 허물 죄罪**

 Tip 子孫 **자손** | 아들·손자·증손·현손 등 후손을 통틀어서 이르는 말

未
아닐 미

아니다(부정을 나타내는 말)

전대미문前代未聞 : 이전 시대에는 들어 보지 못했다는 의미로 매우 놀랍거나 새로운 일을 일컫는 말. **시대 대代, 아직 못 할 미未, 들을 문聞**

미증유未曾有 : 일찍이 있어 본 적이 없음. **일찍 증曾**

必
반드시 필 | 반드시

盡
다할 진 | 다하다
고진감래苦盡甘來 : 고통이 다하면(끝나면) 단것(기쁨)이 온다.
　　괴로울 고苦, 달 감甘, 올 래來
진인사대천명盡人事待天命 : 사람이 할 일을 다 한 다음에 하늘
　　의 명령을 기다린다. **기다릴 대待, 명령할 명命**

守
지킬 수 | 지키다
보수주의保守主義 : 보호하고 지켜야 한다는 생각. 현상 유지를
　　위해 전통傳統, 역사歷史, 관습慣習, 사회조직 따위를 굳게 지
　　키는 주의. **지킬 보保**
수주대토守株待兎 : 그루터기를 지키며 토끼가 와서 죽어 주기
　　만을 기다린다는 뜻으로, 고지식하고 융통성 없이 구습과 전
　　례만 고집함. **그루 주株, 기다릴 대待, 토끼 토兎**

書
책 서 | ① 책(문서) ② 글씨 ③ 쓰다 ④ 편지
서적書籍 : 책. **책 적籍**
서도書圖 : 글씨와 그림. **그림 도圖**
정서법正書法 : 올바른 글쓰기 방법. 낱말의 바른 표기법. **바를 정
　　正, 방법 법法**
서간문집書簡文集 : 여러 가지 편지들을 모아 엮은 책. **편지 간簡,
　　글 문文, 모을 집集**

讀
읽을 독 | ① 읽다 ② 구절
독파讀破 : 읽어서 깨뜨려 버림. 끝까지 다 읽어 냄. **깨뜨릴 파破**
구두법句讀法 : 글에 관한 규칙. 글을 읽기 편하게 하는 점이나
　　표 따위의 문장부호 사용에 관한 규칙. **글귀 구句**

不如 불여 ｜ ~와 같지 못하다

陰
몰래 음

① 몰래 ② 그늘 ③ 음기 ④ 흐리다 ⑤ 어둡다 ⑥ 생식기

음모陰謀 : 몰래 꾸미는 나쁜 계략. **꾀할 모謀**

음습陰濕 : 그늘지고 축축함. **축축할 습濕**

음기陰氣 : 습기, 추위, 어둠, 흐림 따위의 소극적인 기운. **기운 기氣**

음산陰散 : 음기가 흩어져 있음. 날씨가 흐리고 으스스함. **흩어질 산散**

음부陰府 : 항상 어두운 곳. 저승. **마을 부府**

음부陰部 : 몸 밖에 드러나 있는 외부 생식기. 국부局部. 치부恥部. **부문 부部**

德
덕 덕

도道를 통해 체득한 품성. 은혜

음덕陰德 : 남모르게 쌓은 덕행. **몰래 음陰**

冥
어두울 명

① 어둡다 ② 그윽하다 ③ 저승

명명冥冥 : 어두움. 어둑어둑함.

명상冥想 : 고요히 눈을 감고 깊이 있고 그윽하게 생각함. **생각 상想**

명복冥福 : 저승에서의 복. 죽은 뒤에 저승에서 받는 복.

以爲 이위 ｜ ~로써 ~을 삼다

計
꾀 계

① 꾀 ② 셈하다

계획計劃 : 꾀하여 미리 작정함. **그을 획劃**

계산計算 : 수량을 셈하고 헤아림. **셀 산算**

景行錄曰　恩義廣施　人生何處不
경 행 록 왈　은 의 광 시　인 생 하 처 불

相逢　讐怨莫結　路逢狹處難回避
상 봉　수 원 막 결　노 봉 협 처 난 회 피

《琵琶記비파기》 16장

⬤ 경행록에 이르기를 '은혜와 의리를 널리 베풀어라. 인생이 어
느 곳에서든 서로 만나지 않겠느냐? 원수와 원한을 맺지 마라.
길에서 만났을 때 좁은 장소라면 회피하기가 어려우니라.'

핵심 한자 풀이

> 景行錄　떳떳하고 밝게 행하라는 가르침을 기록한 송나라 때의
> 경 행 록　책. 현재 전해지지 않음.

恩
은혜 은
① 은혜 ② 사랑하다
은사恩師 : 가르쳐 주고 은혜를 베풀어 주신 스승. **스승 師**
은총恩寵 : 높은 사람에게서 받은 특별한 사랑. **사랑할 寵**

義
옳을 의
① 옳다 ② 해 넣다 ③ 뜻(의미)
의리義理 : 사람으로서 지켜야 할 올바른 도리. **도리 理**
의족義足 : 끊어진 발에 해 넣기(붙이기) 위해 고무나 금속이나
나무로 만든 발. **발 足**

협의狹義 : 좁은 의미. 뜻 의義

廣
넓을 **광**

① 넓다 ② 넓히다 ③ 넓이
광고廣告 : 세상에 널리 알림. 상품의 존재存在, 효능效能을 널리
선전宣傳하여 알림. 자기의 존재를 여러 사람에게 널리 알리
고 선전宣傳함. **알릴 고告**

施
베풀 **시**

① 베풀다 ② 주다
시설施設 : 도구 · 기계 · 장치 따위를 설치하거나 일정한 구조
물을 베푸는(설비하는) 일. **세울 설設**
시상施賞 : 상을 주는 일. **상줄 상賞**

Tip 人生 **인생** | 사람의 살아 있는 동안. 이 세상에서의 인간 생활

何
어느 **하**

① 어느 ② 어찌 ③ 무엇 ④ 누구
육하원칙六何原則 : 여섯 가지의 '어찌함'. 뉴스 보도報道에 반드
시 담겨야 할 여섯 가지 기본 요소. '누가, 언제, 어디서, 무엇
을, 어떻게, 왜'를 일컫는 말. **어찌 하何, 근원 원原, 법칙 칙則**

處
곳 **처**

① 곳 ② 살다(있다) ③ 처리하다
각처各處 : 여러 곳. 모든 곳. **각기 각各**
처소處所 : 사람이 살거나 머물러 있는 곳. **장소 소所**
처서處暑 : '더위를 처리하는 때'라는 의미로, 입추와 백로 사이
에 있는 절기. **더위 서暑**

相
서로 **상**

① 서로 ② 보다 ③ 돕다 ④ 모습 ⑤ 재상
상부상조相扶相助 : 서로 돕고 서로 도와주는 일. **도울 부扶, 도울
조助**
상법相法 : 관상觀相하는 법. 얼굴 등을 보고 그 사람의 재수나
운명 등을 판단하는 방법. **방법 법法**

보상輔相 : 돕고 또 도움. 임금을 도와 나라를 다스리는 일. **도울 보輔**

양상樣相 : 모습. 모양. 상태. **모양 양樣**

진상眞相 : 참된 모습. 실제의 모습. **참 진眞**

재상宰相 : 왕을 보필하고 백관百官을 지휘 감독하는 벼슬. **벼슬 아치 재宰**

逢
만날 봉

상봉相逢 : 서로 만나 봄. **서로 상相**

讐
원수 수

불구대천지수不俱戴天之讐 : 함께 하늘을 이고 살 수 없는 원수 怨讐. **함께 구俱, 일 대戴**

怨
원망할 원

원망하다

불원천불우인不怨天不尤人 : 하느님을 원망하지 않으며 다른 사람을 탓하지 아니함. **원망할 원怨, 탓할 우尤**

結
맺을 결

① 맺다 ② 마치다 ③ 엉기다(매듭)

결성結成 : 단체 따위를 맺어 이루거나 짜서 만듦. **이룰 성成**

결론結論 : 의론이나 연구에서 최후에 내려진 단정. **말할 론論**

결빙結氷 : 물이 엉기어서 얼음이 됨. **얼음 빙氷**

路
길 로

길

狹
좁을 협

좁다(좁아지다). 좁히다

難
어려울 난

① 어렵다 ② 어려워하다 ③ 나무라다

난공불락難攻不落 : 공격하기가 어려워서 떨어뜨릴 수 없음. **칠 공攻, 떨어뜨릴 락落**

난색難色 : 어려워하는 낯빛. **얼굴빛 색色**

비난非難 : 남의 잘못이나 흠을 꾸짖고 나무람. **꾸짖을 비非**

① 돌아오다 ② 횟수 ③ 피하다

회춘回春 : 봄이 다시 돌아옴. 중한 병에서 다시 건강이 회복됨.
봄, 젊은 사람 춘春

횟수回數 : 차례의 수효. **숫자 수數**

회피回避 : 피하고 피함. 몸을 피해 만나지 아니함. 책임을 지
지 아니하고 피함. **避피할 피**

Tip 단어의 구조에는 일출日出(해가 뜬다)과 같은 주술 구조가 있고, 독
서讀書(책을 읽는다)와 같은 술목 구조도 있지만, 인민人民 · 군중
群衆 · 해양海洋처럼 같은 의미의 말을 나란히 쓴 병렬 구조도 있다.
'회피回避'도 이러한 병렬 구조이다. 같은 의미의 글자이기에 하나의
글자만 해석해도 된다.

莊子曰　於我善者我亦善之　於我惡
장 자 왈　　어 아 선 자 아 역 선 지　　어 아 악

者我亦善之　我旣於人無惡　人能於
자 아 역 선 지　　아 기 어 인 무 악　　인 능 어

我無惡哉
아 무 악 재

➡️ 장자가 말하기를 "나에게 착하게 대한 자에게는 나 역시 그 사
람에게 착하게 대접해야 하고, 나에게 악하게 대한 자에게도
나는 또한 그 사람에게 착하게 대접해야 한다. 내가 이미 다른
사람에게 악하게 대함이 없었다면 다른 사람도 능히 나에게
악하게 대함이 없을 것이니라."

핵심 한자 풀이

於
어조사 **어**

어조사語助辭란 문장을 도와주는 글자로, 특별한 의미가 없
는 글자이다. 그렇기 때문에 의미를 부여하지 않아도 되고 해
석하지 않아도 된다.

我
우리 **아**

나(1인칭 대명사)

Tip 於我 어아 | 나에게

| 亦
 또 **역** | 또한. 역시 |

旣
이미 **기**

이미

기왕지사旣往之事 : 이미 지나간 일. 갈 왕往, 일 사事

無
없을 **무**

① 없다 ② 아니다 ③ 말다(금지)

유비무환有備無患 : 준비가 있으면 근심이 없다. 미리 준비가 되어 있으면 근심을 당하지 아니한다. 있을 유有, 준비할 비備, 근심 환患

人
사람 **인**

① 사람 ② 다른 사람 ③ 인품 ④ 백성

인류人類 : '사람'을 다른 동물과 구별하여 이르는 말. 무리 류類

여인상약與人相約 : 다른 사람과 더불어 서로 약속함. 더불어 여與, 서로 상相, 약속할 약約

인품人品 : 사람의 품격(됨됨이). 품평할 품品

인민재판人民裁判 : 백성(민중)을 배심원으로 해서 직접 행해지는 재판 형식. 헤아릴 재裁, 판가름할 판判

能
능할 **능**

① 능통하다 ② 재능

능소능대能小能大 : 작은 일에도 능통하고 큰일에도 능통함. 작은 일이나 큰일 등 모든 일을 두루 다 잘함.

능력能力 : 어떤 일을 이룰 수 있는 재능.

哉
어조사 **재**

어조사

나에게 착하게 대한 사람에게 나 역시 착하게 대해야 한다는 것은 자연스러운 일이다. 중요한 것은 나에게 악하게 행동한 사람도 선하게 대해야 한다는 사실이다. 상대방이 나에게 어떻게 하든 그 사람에게 계속 선하게 대한다면 그 사람도 다음부터는 나에게 악하게 대하지 않을 것이 분명하다.

東岳聖帝垂訓曰　一日行善　福雖未
동 악 성 제 수 훈 왈　일 일 행 선　복 수 미

至禍自遠矣　一日行惡　禍雖未至福
지 화 자 원 의　일 일 행 악　화 수 미 지 복

自遠矣　行善之人如春園之草　不見
자 원 의　행 선 지 인 여 춘 원 지 초　불 견

其長日有所增　行惡之人如磨刀之
기 장 일 유 소 증　행 악 지 인 여 마 도 지

石　不見其損日有所虧
석　불 견 기 손 일 유 소 휴

➡ 동악성제가 훈계를 내려 말하기를 "하루 착함을 행하면 복은 비록 이르지 않아도 재앙은 스스로 멀어질 것이요, 하루 악을 행하면 재앙은 비록 이르지 않을지라도 복은 스스로 멀어질 것이니라. 선을 행하는 사람은 봄 동산의 풀과 같아서 그 자라남이 보이지 아니하나 날마다 많아지는 바가 있고, 악을 행하는 사람은 칼을 가는 돌과 같아서 그 없어지는 것이 보이지는 아니하나 날마다 이지러지는 바가 있느니라."

43

Tip 東岳聖帝 **동악성제** | 도가道家에서 받드는 신

垂
내릴 **수**

① 내리다 ② 늘어지다
수직垂直 : 아래로 내림이 곧음. 똑바로 드리워 내림. **곧을 직直**
현수막懸垂幕 : 선전문 따위를 적은 천막 등을 매달아 늘어지게
한 장막. **매달 현懸, 장막 막幕**

訓
가르칠 **훈**

① 가르치다 ② 뜻을 해석하다
훈시訓示 : 가르쳐 보임. 상관이 집무상의 주의 사항을 부하 직
원에게 일러 보임. **보일 시示**
훈석訓釋 : 한문 글자의 뜻을 해석하고 풀어냄. **풀 석釋**

行
행할 **행**

① 행하다 ② 걷다 ③ 길 가다 ④ 행서 ⑤ 오행 ⑥ 상점
언행일치言行一致 : 말과 행동이 일치함. **도달할 치致**

福
복 **복**

① 복(상서롭다) ② 음복하다
복지福祉 : 행복과 이익. **복 지祉**
음복飮福 : 제사를 마치고 제사에 썼던 술을 제관들이 나누어 마
시는 일. **마실 음飮**

雖
비록 **수**

비록

至
이를 **지**

① 이르다 ② 지극하다
동지冬至 : 겨울이 이름. **겨울 동冬**
지상명령至上命令 : 지극히 위에 있는 명령. 절대로 복종해야 하
는 명령.

禍 재앙 화	재앙
遠 멀 원	멀다(멀리하다) 경이원지敬而遠之 : 공경하되 그것을 멀리함. 겉으로는 공경하 　는 체하면서 속으로는 꺼리어 멀리함. **공경할 경敬**
矣 어조사 의	어조사. 과거, 미래, 단정을 나타내는 조사로 많이 쓰임.
春 봄 춘	봄
 동산 원	동산 유치원幼稚園 : 어린아이들이 노는 동산. 학령 미달의 어린이를 　보육保育하여 심신心身의 발달을 도모하는 교육 시설. **어릴 유 　幼, 어릴 치稚**
草 풀 초	① 풀 ② 기초 잡다 ③ 초서 ④ 시작하다 초개草芥 : 풀과 먼지. 아무 소용이 없거나 하찮은 것을 비유하 　는 말. **티끌 개芥** 초안草案 : 안건을 기초함. 문장이나 시 따위를 기초 잡음. **생각 　안案** 초서草書 : 행서行書를 풀어서 점과 획을 줄여 흘려 쓴 글씨. **글 　씨 서書** 초창草創 : 어떤 사업을 처음 시작함. **비롯할 창創**
長 자랄 장	① 자라나다 ② 어른 ③ 오랫동안 ④ 길다 ⑤ 뛰어나다 장성長成 : 자라서 성장함. 어른이 됨. 학교장學校長 : 학교를 책임지는 최고의 어른. 장구長久 : 길고 오램. **오랠 구久** 장검長劍 : 허리에 차는 긴 칼. **칼 검劍**

장점長點 : 좋은 점. 더 뛰어난 점. **점 점點**

所
바 소
① ~하는 바 ② 곳(장소)
소감所感 : 느낀 바.
주소住所 : 머무르고 있는 장소. 살고 있는 곳.

增
많아질 증
많아지다

磨
갈 마
갈다
마부위침磨斧爲針 : 도끼를 갈아 바늘이 되게 한다는 뜻으로, 아무리 이루기 힘든 일도 끊임없는 노력과 인내가 있다면 성공할 수 있다는 말. **도끼 부斧, 바늘 침針**

刀
칼 도
칼
단도직입單刀直入 : 혼자서 칼을 휘두르고 거침없이 적진으로 쳐들어간다는 뜻으로, 글쓰기나 말하기에서 너절한 허두를 빼고 바로 그 요점으로 풀이하여 들어감을 이르는 말. **홀 단單, 곧을 직直, 들 입入**

損
감할 손
① 감하다 ② 상하다 ③ 잃다
손해損害 : 금전, 물질 면에서 본디보다 밑지거나 해가 됨. 해칠 해害
손상損傷 : 상하거나 깨어져서 손해가 됨. 다칠 상傷
손실損失 : 축나서 잃어버림. 잃을 실失

虧
이지러질 휴
이지러지다

子曰 見善如不及 見不善如探湯
자왈　견선여불급　견불선여탐탕

《論語논어》〈季氏계씨〉편 11장

➡ 공자가 말하기를 "착한 것을 보거든 미치지 못한 것처럼 하고 악한 것을 보거든 끓는 물에 손을 넣는 것같이 하라."

핵심 한자 풀이

及
미칠 급

① 미치다(이르다) ② ~및, ~와(접속사)

보급普及 : 널리 퍼뜨려 여러 곳(사람)에 미치도록 함.

과유불급過猶不及 : 지나침은 미치지 아니함과 같다. 모든 사물이 정도를 지나치면 도리어 안 한 것만 못함이라는 뜻으로, 중용中庸의 중요함을 일컫는 말. **지나칠 過過, 같을 유猶**

여급여해망予及汝偕亡 : 나와 네가 함께 망하다. **나 여予, 너 여汝, 함께 해偕, 망할 망亡**

探
찾을 탐

① 찾다 ② 정탐하다

탐구探究 : 찾아서(파고들어) 깊이 연구함. **연구할 究究**

탐정探偵 : 몰래 남의 비밀이나 행동을 알아냄. **염탐할 정偵**

湯
끓일 탕

① 끓이다 ② 끓는 물 ③ '국'의 높임말

탕약湯藥 : 끓여서 먹는 약. **약 약藥**

목욕탕沐浴湯 : 목욕을 할 수 있도록 설비를 갖추어 놓은 끓는

47

물이 있는 곳. **머리감을 목沐, 몸 씻을 욕浴**

추어탕鰍魚湯 : 미꾸라지를 넣고 여러 가지 국거리 양념과 함께 끓인 국. **미꾸라지 추鰍, 물고기 어魚**

探湯탐탕 : 끓는 물에 손을 넣는 일(숙어처럼 외워야 함).

天 命

天 命

하늘 **천** 명령 **명**

- 하늘이 내리는 명령.
- 하늘이 내리는 명령에 순종해야 한다.
- 하늘의 뜻에 따라 산다는 것은 결국에 착하게 사는 것이고, 하늘의 뜻에 따라 다스린다는
  것은 결국 어질게 다스린다는 것이다. 하늘의 명령에 순종해야 모든 일이 순조롭게 되고 뜻
  을 이룰 수 있게 된다.

孟子曰 順天者存 逆天者亡
맹 자 왈　순 천 자 존　역 천 자 망

《孟子맹자》〈離婁章句이루장구〉상상 7장

⬤ 맹자가 말하기를 "하늘에 순종하는 자는 존재할 수 있고 하늘
에 거스르는 자는 망하느니라."

핵심 한자 풀이

孟子
맹자

본명은 맹가孟軻. 기원전 372년 노나라 산둥성 부근에서 출
생. 공자의 유교적 전통 속에서 자라면서 그의 이상을 지지
하고 발전시킨 유교의 후계자. 인간의 본성에 대해 성선설
性善說을 주장하였고, 새로운 왕도王道 사상을 제시하였다. 백성들이 나
라의 근본임을 주장하여 군주는 백성의 뜻에 따라 정치를 해야 한다는
당시로서는 혁명적인 사상을 펼쳤다. 제자인 만장萬章과 주고받은 어록
을 후학들이 모은 《맹자孟子》 7권이 있다.

順
순할 순

① 순하다 ② 좇다 ③ 차례
순탄順坦 : 길이 험하지 않고 평탄함. **평평할 탄坦**
순종順從 : 고분고분한 자세로 좇아서 복종함. **좇을 종從**
순연順延 : 기일을 차례로 연기함. **끌 연延**

存
있을 존

있다
존망지추存亡之秋 : 남아 있게 되느냐와 멸망하느냐가 결정될
아주 위급한 때. **망할 망亡**, **때 추秋**

적자생존適者生存 : 적응하는 자만이 살아남는다. 생존경쟁의 결과, 그 환경에 적응하는 것만 살아남고 그렇지 못한 것은 차차 쇠퇴하고 멸망하는 자연도태 현상. **적응할 적適, 것 자者, 살 생生**

逆
거스를 **역**

① 거스르다 ② 어긋나다 ③ 맞이하다

역류逆流 : 물이 거슬러 흐름. **흐를 류流**

역경逆境 : 일이 뜻대로 안 되어 어긋나 버린 불행한 경우. **형편 경境**

역려逆旅 : 나그네를 맞이한다는 의미로 '여관'을 일컫는 말. **나그네 려旅**

亡
망할 **망**

① 망하다 ② 달아나다 ③ 잃다 ④ 죽다

망국亡國 : 망한 나라. 나라를 망하도록 함.

망명亡命 : 목숨을 위해 달아남. 자기 나라에서의 정치적 탄압을 피해 외국으로 달아남(옮겨 감). **목숨 명命**

망실亡失 : 잃어버림. 없어짐. **잃을 실失**

망양지탄亡羊之歎 : 양을 잃어버린 탄식. 여러 갈래 길에서 양羊을 잃고 탄식歎息한다는 의미로 학문의 어려움을 비유하는 말. **탄식할 탄歎**

망자亡者 : 죽은 사람. 망인亡人.

康節昭先生曰　天聽寂無音　蒼蒼
강 절 소 선 생 왈　　　천 청 적 무 음　　창 창

何處尋　非高亦非遠　都只在人心
하 처 심　　비 고 역 비 원　　도 지 재 인 심

《伊川擊壤集이천격양집》〈卷之권지〉12

➡ 강절소 선생이 말하기를 "하늘의 소리를 들으려 하나 고요하
여 소리가 없으니 푸르고 푸른데 어느 곳에서 찾을 것인가?
높지도 않고 또한 멀지도 않느니라. 모두가 다만 사람의 마음
속에 있는 것이니라."

핵심 한자 풀이

康節邵　송나라 때의 유학자. 시호 강절康節. '소강절邵康節'이라
강 절 소　불리기도 함. 이지재李之才로부터 도서·천문天文·역수
易數를 배웠고, 장작감주부將作監主簿로 추대받았으나
사양하고 일생을 낙양洛陽에 숨어 살았다.

聽　들다
들을 청　수렴청정垂簾聽政 : 발을 내리고 정사政事를 듣는다는 뜻으로, 나
이 어린 임금이 등극했을 때 왕대비王大妃나 대왕대비大王大妃가
정사政事를 돌봄을 일컫는 말. 내릴 수垂, 발 렴簾, 정사 정政

寂
고요할 적

① 고요하다(쓸쓸하다) ② 죽다
적적寂寂 : 고요하고 쓸쓸한 모양.
적멸寂滅 : 죽어서 사라짐. 자연히 없어져 버림. 죽음. **없어질 멸滅**

音
소리 음

① 소리 ② 음악
음향音響 : 소리의 울림. **울림 향響**
음치音癡 : 소리에 어리석음. 노래의 음을 전혀 분별하거나 감상
하지 못함. **어리석을 치癡**

蒼
푸를 창

① 푸르다 ② 무성하다
창공蒼空 : 푸른 하늘. **하늘 공空**
울울창창鬱鬱蒼蒼 : 큰 나무가 빽빽이 들어서서 답답할 정도
로 울창하고 무성한 모양. **우거질 울鬱**

何
어찌 하

① 어느(어찌) ② 누구 ③ 얼마
하필何必 : 달리하거나 달리 되지 아니하고 어찌하여 꼭. **반드시
필必**
수하誰何 : 누구. **누구 수誰**
기하학幾何學 : 점, 선, 면, 입체 등이 만드는 공간도형의 성질을
연구하는 학문. **몇 기幾**

處
곳 처

① 곳 ② 살다 ③ 처리하다
처처處處 : 곳곳.
처소處所 : 어떤 일이 일어난 곳이나 물건이 있는 곳. **장소 소所**
처리處理 : 사무나 사건을 정리하여 치우거나 마무리 지음. **다스
릴 리理**

尋
찾을 심

① 찾다 ② 보통
심방尋訪 : 찾아서 방문함. 찾아봄. **방문할 방訪**
심상尋常 : 보통이고 일반적임. 대수롭지 않고 예사로움. **보통 상常**

非
아닐 **비**

① 아니다 ② 그르다 ③ 헐뜯다

비범非凡 : 보통이 아님. **평범할 범凡**

비행非行 : 그릇되게 행동함. **행할 행行**

비난非難 : 남의 잘못이나 흠을 헐뜯고 꾸짖음. **꾸짖을 난難**

高
높을 **고**

① 높다 ② 비싸다 ③ 뛰어나다

고가도로高架道路 : 땅 위에 높게 지지대를 세우고 그 위에 만든 도로. **시렁 가架, 길 도道, 길 로路**

고가高價 : 비싼 값. **값 가價**

고견高見 : 뛰어난 의견. **생각 견見**

기고만장氣高萬丈 : 기운이 만 길이나 뻗치었다는 뜻으로 일이 뜻대로 되어 나가 씩씩한 기운이 대단하게 뻗침. 펄펄 뛸 만큼 크게 성이 남을 일컫는 말. **기운 기氣, 일만 만萬, 길이의 단위 장丈**

亦
또 **역**

또한

遠
멀 **원**

① 멀다 ② 심오하다

원경遠景 : 멀리 바라본 경치. **경치 경景**

원려遠慮 : 먼 앞일을 잘 헤아려 생각함. **생각 려慮**

都
모두 **도**

① 모두 ② 도읍 ③ 도회지

도합都合 : 모두. 전부를 다 합한 셈. **합할 합合**

수도首都 : 머리의 도시. 첫 번째 도시. 한 나라의 중앙정부가 있는 도시. **머리 수首**

도심都心 : 도시의 중심. **가운데 심心**

只
다만 **지**

다만

마음 **심**

① 마음(생각) ② 가슴 ③ 가운데

심경心境 : 마음의 상태. 마음가짐. **지경 경境**

심장心臟 : 가슴속의 내장. 염통. 사물의 중심부. **내장 장臟**

중심中心 : 한가운데. 복판. **가운데 중中**

種瓜得瓜　種豆得豆　天網恢恢　疎
종 과 득 과　종 두 득 두　천 망 회 회　소

而不漏
이 불 루

《增廣賢文증광현문》

➡ 오이를 심으면 오이를 얻고 콩을 심으면 콩을 얻을 것이다. 하늘의 그물이 넓고 커서 성기지만 그러나 새지는 않는다.

핵심 한자 풀이

增廣賢文 증광현문 명나라와 청나라 시대에 간행된 작자 미상의 격언집. 각종 속담이나 설화, 문학작품 등에서 나온 격언들로, 《명심보감》이나 《채근담》에 비해 훨씬 더 현실적인 내용을 담고 있어 오늘날 중국인들의 필독서로 꼽힌다.

種 심을 종
① 심다 ② 씨 ③ 종류
파종播種 : 논밭에 곡식의 씨앗을 뿌리어 심음. **뿌릴 파播**
종돈種豚 : 씨돼지. **돼지 돈豚**
종류種類 : 일정한 질적 특징에 따라 나누어지는 부류. **무리 류類**

瓜 오이 과
과전불납리瓜田不納履 : 오이밭에는 신발을 들이지 말아야 한다. 오이밭에서는 신이 벗겨지더라도 허리 굽혀 신을 고쳐 신지 말아야 한다(허리를 굽히면 오이를 훔치는 것으로 오해받을

수 있으니, 오해받을 일을 하지 않는 것이 현명하다는 의미). **밭 전**
田, 들일 납納, 신발 리履

得
얻을 득

얻다

豆
콩 두

콩

網
그물 망

① 그물 ② 그물질하다
망사網絲 : 그물처럼 성기게 짠 비단. **실 사絲**
일망타진一網打盡 : 한 번의 그물질로 때려서 없애 버림(한꺼번
에 모조리 잡아 없앰). **칠 타打, 다할 진盡**
天網천망 : 하늘의 그물. 즉, 하늘이 나쁜 사람을 잡아 내는 그물.

恢
넓을 회

넓다, 크다

疏
성길 소

① 성기다 ② 소통하다
친소親疏 : 친함과 버성김. **친할 친親**
소외감疏外感 : 성기게 밖으로 쫓겨난 느낌. 따돌림을 받는 것
같은 느낌. **밖 외外, 느낄 감感**

而
말 이을 이

① 그러나 ② 그리고
시이불견視而不見 : 보아도 그러나 보이지 않는다(마음이 없으
면). **볼 시視, 볼 견見**
학이시습지學而時習之 : 배우고 그리고 때때로 그것(배운 것)을
익힌다. **배울 학學, 때 시時, 익힐 습習, 그것 지之**

漏
샐 루

① 새다 ② 틈나다 ③ 빠뜨리다 ④ 구멍
누설漏泄 : 물, 공기, 냄새, 비밀 따위가 밖으로 새어 나감. **샐 설泄**
누락漏落 : 응당 적혀 있어야 할 것이 적히지 않고 빠짐. **빠질 락落**

子曰 ④獲③罪②於①天 ③無②所①禱④也
자 왈　획 죄 어 천　무 소 도 야

《論語논어》〈八佾팔일〉13장

➡ 공자가 말하기를 "하늘에 죄지음을 얻으면 빌 곳이 없느니라."

핵심 한자 풀이

獲
얻을 획

얻다
획득獲得 : 얻어내어 자기의 것으로 만듦. 얻을 득得
어획량漁獲量 : 물고기를 잡아 얻은 양. 고기 잡을 어漁, 양 량量
남획濫獲 : 넘치게 마구 잡음. 넘칠 남濫
포획捕獲 : 잡아서 얻음. 잡을 포捕

罪
허물 죄

벌주다
면죄부免罪符 : 죄를 면해 주는 표. 중세中世 가톨릭교회에서 신
　　자에게 죄罪를 용서하여 주는 뜻으로 금품을 받고 발행했던
　　증서. 남발의 폐해弊害가 극심極甚하여 종교개혁의 불씨가 되
　　었음. 면할 면免, 표 부符
석고대죄席藁待罪 : 거적에 자리잡고 앉아 죄의 대가 치르기를
　　기다린다는 뜻으로, 잘못에 대한 처분處分을 기다린다는 말.
　　자리 석席, 거적 고藁, 기다릴 대待

所
곳 소

① ~바 ② ~곳 ③ 어조사
여기서는 '~곳'의 의미로 쓰였다.

소기所期 : 기대하는 바. **기대할 기期**

소견所見 : 사물을 보고 가지는 바의 생각이나 의견. **생각 견見**

소재所在 : 있는 곳. **있을 재在**

禱
빌 도

기도하다

묵도默禱 : 침묵으로(말없이) 마음속으로 하는 기도. **말없을 묵默**

也
어조사 야

~이니라

孝行

孝行

효   행

孝 行

효도 효   행할 행

- 효도를 행함.
- 효도를 행함이 인간 도리의 근본이다.
- 자식은 부모의 은덕을 알아야 하고 어떤 상황에서든 반드시 효도를 행하여야 한다. 참다운 효孝는 충忠까지 이어진다고 볼 수 있다.

詩曰　父兮生我母兮鞠我　哀哀父
시 왈　부 혜 생 아 모 혜 국 아　애 애 부

母生我劬勞　欲報深恩昊天罔極
모 생 아 구 로　욕 보 심 은 호 천 망 극

《詩經시경》〈小雅소아〉 '小旻소민'편

⊙ 시경에 이르기를 '아버지 나를 낳으시고 어머니 나를 기르셨
도다. 슬프고 슬프게도 부모님이 나를 낳으시느라고 수고하
셨구나. 깊은 은혜를 갚고자 하는데 하늘처럼 끝이 없도다.'

핵심 한자 풀이

詩
시전 **시**　《시전詩傳》을 뜻함.

詩傳
시 전　공자가 편찬한 《시경詩經》 해석서(《시전대전詩傳大全》). 3천
여 편에 이르는 《시경》의 민요와 악장 중에서 백성의 마음
을 순화하는 데 유익한 305편만을 가려 뽑았다. 은나라 때
부터 춘추시대까지 중국 각 지방 각계각층에서 불린 여러 형태의 시들
이 담겨 있다. 공자는 제자들을 교육하면서 "너희들은 어찌하여 시경을
배우려 하지 않느냐? 시경을 배우면 감정을 불러일으킬 수 있고 사물을
관찰할 수 있으며 사회생활을 잘할 수 있다. 부모를 섬길 수도 있고 윗
사람을 섬길 수도 있으며 새와 짐승과 풀과 나무의 이름까지 알 수 있
게 된다."라고 하였다.

兮 어조사 혜	강조, 감탄을 나타내는 어조사.

鞠 기를 **국**

① 기르다 ② 굽히다 ③ 문초 받다

哀 슬플 **애**

① 슬퍼하다 ② 불쌍히 여기다
애애哀哀 : 슬프구나! 슬퍼하는 모양(여기에서는 감탄사로 쓰였음).
애도哀悼 : 죽음을 슬퍼함. **슬퍼할 도悼**
애련哀憐 : 남의 죽음을 불쌍히 여김. **불쌍히 여길 련憐**

劬 수고할 **구**

힘들이다, 애먹다

勞 수고할 **로**

① 노곤하다 ② 일하다
피로疲勞 : 지침, 고단함. **지칠 피疲**
노동勞動 : 일을 함. **움직일 동動**

欲 하고자할 **욕**

① 바라다 ② 욕심
욕구欲求 : 바라고 구함. **구할 구求**
욕속부달欲速不達 : 빨리 하려고 욕심내면 목표에 도달할 수 없음. 빨리 하려다가 도리어 일을 이루지 못함. **빠를 속速, 다다를 달達**

報 갚을 **보**

① 갚다 ② 알리다
보답報答 : 남의 호의나 은혜 따위를 갚음. **대답할 답答**
보도報道 : 신문 통신 등의 뉴스. 보고하여 말함. **말할 도道**

深 깊을 **심**

깊게 하다, 깊이
심사숙고深思熟考 : 깊이 생각하고 익을 때까지(오래도록) 생각함. 신중愼重을 기해 곰곰이 생각함. **생각 사思, 익을 숙熟, 생각할 고考**

심산유곡深山幽谷 : 깊은 산과 그윽한(고요한) 골짜기. **그윽할 유幽, 골짜기 곡谷**

恩
은혜 **은**

사랑하다

반포보은反哺報恩 : 반대로 먹여 은혜에 보답함. 부모가 길러 준 은혜에 자식이 부모를 먹여 줌으로써 보답함. **되돌릴 반反, 먹일 포哺, 갚을 보報**

배은망덕背恩忘德 : 은혜를 배반하고 덕을 잊어버림. 남에게 입은 은덕恩德을 잊고 배반背反함. **배반할 배背, 잊을 망忘, 덕 덕德**

昊
하늘 **호**

넓고 크다

호천망극昊天罔極 : 끝이 없는 하늘과 같이 부모의 은혜가 매우 크고 끝이 없음. **하늘 천天, 없을 망罔, 끝 극極**

罔
없을 **망**

망극罔極 : 끝이 없음. 끝이 없는 큰 슬픔. 보통 어버이나 임금의 죽음에 사용함.

흉악망측凶惡罔測 : 흉악함을 측량할 수 없음. **흉할 흉凶, 헤아릴 측測**

極
끝 **극**

① 다하다 ② 지극하다

궁극적窮極的: 어떤 과정의 마지막이나 막다른 고비에 다다름. **다할 궁窮**

극우極右: 극단적인 우익. 극단적으로 보수주의적인 사상. **오른 우右**

子曰　孝子之事親也　居則致其敬
자 왈　　효 자 지 사 친 야　　거 즉 치 기 경

養則致其樂　病則致其憂　喪則致
양 즉 치 기 락　　병 즉 치 기 우　　상 즉 치

其哀　祭則致其嚴
기 애　　제 즉 치 기 엄

《孝經효경》〈傳전〉 7장

공자가 말하기를 "효자가 어버이를 섬길 때에, 기거할 때는 공경함을 다하고, 봉양할 때는 즐거움을 다하고, 병들어 있을 때는 근심을 다하고, 돌아가셨을 때는 슬픔을 다하고, 제사 지낼 때는 엄숙함을 다해야 한다."

핵심 한자 풀이

孝
효도 효

부자자효父慈子孝: 어버이는 자식을 사랑하고 자식은 부모에게
효도함. **사랑할 자慈**

之
주격 조사 지

'之'는 관형격 조사(~의)로 많이 쓰이고 대명사로도 쓰이지만
문장에서는 주격 조사(~이)로도 많이 쓰인다.

事
섬길 사

① 사건 ② 섬기다

사정事情 : 일에 대한 자신의 감정, 일의 형편이나 까닭, 일의 형편이나 까닭을 말하고 무엇을 간청함.

사대事大 : 큰 것(나라)을 섬긴다는 의미로 약자가 강자를 붙좇아 섬기는 일. **큰 나라 대大**

親
어버이 친

① 친하다 ② 어버이 ③ 겨레

친목親睦 : 서로 친하여 뜻이 맞고 정다움. **화목할 목睦**

친권親權 : 부모가 미성년 자식이나 독립할 수 없는 자식을 보호하고 감독하는 권리와 의무. **권리 권權**

친척親戚 : ① 친족과 외척 ② 고종姑從, 외종外從, 이종姨從 등 성姓이 다른 가까운 겨레붙이. **겨레 척戚**

居
살 거

① 살다 ② 있다

거주居住 : 일정한 곳에 자리를 잡고 머물러 삶, 또는 그곳. **살 주住**

동거同居 : 한집이나 한방에서 같이 생활함.

致
다할 치

① 이루다 ② 이르다 ③ 드리다 ④ 부르다 ⑤ 보내다 ⑥ 경치

치부致富 : 재물을 모아 부를 이루어 부자가 됨. **넉넉할 부富**

치사致死 : 죽음에 이르게 함. **죽을 사死**

치사致辭 : 칭찬을 드리는 말. 다른 사람을 칭찬하는 말. **말 사辭**

초치招致 : 불러서 오게 함. **부를 초招**

송치送致 : 보내어 그곳에 닿게 함. **보낼 송送**

풍치風致 : 훌륭하고 멋스러운 경치. **경치 풍風**

敬
공경 경

경천애인敬天愛人 : 하늘을 공경恭敬하고 사람을 사랑함. **하늘 천天, 사랑 애愛**

養
봉양할 양

① 기르다 ② 가르치다 ③ 봉양하다
양육養育 : 길러서 자라게 함. **기를 육育**
교양敎養 : 가르쳐 기름. **가르칠 교敎**
양로養老 : 노인을 봉양하여 편안하게 지내도록 함. **늙은이 노老**

樂
즐거울 락

① 풍류 **악** ② 즐기다 **락** ③ 좋아하다 **요**
악곡樂曲 : 음악의 곡조. **노래 곡曲**
낙원樂園 : 자유와 행복을 누릴 수 있는 즐겁고 살기 좋은 곳. **동
  산 원園**
요산요수樂山樂水 : 산을 좋아하고 물을 좋아함.

病
병들 병

① 병들다 ② 흠
병상病床 : 병든 사람이 누워 있는 침상. **상 상床**
병폐病弊 : 어떤 사물의 내부에 있는 옳지 못한 경향이나 해로운
  요소. **해질 폐弊**

憂
근심 우

우울憂鬱 : 마음이 근심스럽고 가슴이 답답한 상태. **막힐 울鬱**
기우杞憂 : 중국 기杞나라 사람이 하늘이 무너질까 봐 침식寢食
  을 잊고 근심 걱정했다는 뜻으로, 쓸데없는 걱정을 나타내는
  말. **나라 이름 기杞**

喪
죽을 상

① 복 입다 ② 초상 ③ 잃다
상복喪服 : 상제로 있는 동안 입는 예복. **옷 복服**
상가喪家 : 초상난 집. **집 가家**
상실喪失 : 잃어버림. **잃을 실失**

祭
제사 지낼 제

① 제사 ② 잔치
제사祭祀 : 신령이나 죽은 사람의 넋에게 음식을 차려 정성을 표
  하는 의식. **제사 지낼 사祀**
축제祝祭 : 어떤 대상이나 분야를 주제로 하여 벌이는 대대적인

행사. 빌 축祝

嚴
엄할 **엄**

① 엄숙하다 ② 혹독하다 ③ 경계하다

엄격嚴格 : 말과 행실이 엄숙하고 정당함. **바로잡을 격格**

엄동嚴冬 : 혹독하게 추운 겨울. **겨울 동冬**

계엄戒嚴 : 경계가 엄중함. **경계할 계戒**

太公曰 ❸孝❷於❶親 ❶子❷亦❹孝❸之 ❶身❷旣❹不
　태공왈　효　어　친　　자　역　효　지　　신　기　불

❸孝 ❶子❷何❸孝❹焉
　효　자　하　효　언

《禮記예기》〈玉藻옥조〉17장

태공이 말하기를 "어버이에게 효도하면 자식도 역시 그 사람
(어버이에게 효도한 사람)에게 효도하나니 자신이 이미 효도하지
않았다면 자식이 어찌 효도하겠는가?"

핵심 한자 풀이

孝
효도 효

효자비孝子碑 : 예전에, 효자의 효성을 기리고 후세에 전하기 위
하여 세웠던 비석.　돌기둥 비碑

親
어버이 친

① 친하다 ② 어버이
친밀親密 : 아주 친하여 사이가 좋음.　깊숙할 밀密
사친이효事親以孝 : 어버이를 섬김에 효도로써 한다.　섬길 事事,
써 이以, 효도 효孝

子
아들 자

① 아들 ② 알 ③ (물건에 붙는) 접미사
자부子婦 : 아들의 아내라는 의미로 며느리를 일컫는 말.　아내 부婦
난자卵子 : 성숙한 난세포.　알 난卵

69

상자箱子 : 나무, 대나무, 종이 따위로 만든 그릇. **상자 상箱**

亦
또한 **역**

역시亦是 : 마찬가지로. 다른 대상에도 마찬가지로 나타나거나 작용함.

之
대명사 **지**

'之'는 관형격 조사(~의)로 많이 쓰이지만 여기서는 대명사로 쓰였다.

역지사지易地思之 : 처지(입장)를 바꾸어서 그것을 생각함. **입장 지地, 생각 사思, 그것 지之**

身
자신 **신**

독신獨身 : 혼자의 몸. 배우자 없이 혼자 사는 사람. **홀로 독獨**

신원身元 : 몸의 근원. 본적, 신분, 직업, 품행 등의 개인이 자라 온 과정과 관련되는 자료. **근본 원元**

既
이미 **기**

기득권既得權 : 이미 얻은 법률상의 권리. **얻을 득得, 권리 권權**

기성품既成品 : 맞춤에 의한 것이 아닌 일정한 규격에 따라 미리 완성시켜 놓은 상품. **이룰 성成, 물건 품品**

何
어찌 **하**

① 어찌(의문 또는 반어) ② 누구 ③ 얼마

하필何必 : 다른 방도를 취하지 아니하고 어찌하여 꼭. **반드시 필必**

수하誰何 : 누구. 아무개. **누구 수誰**

기하학幾何學 : 물건의 모양 크기 위치 및 공간의 성질을 연구하는 수학의 한 분야. **몇 기幾**

焉
어조사 **언**

우리말의 조사 역할을 하는 한자를 한문에서는 어조사라 한다. 한문 문장에서 실질적인 뜻 없이 다른 글자의 보조로만 쓰이는 글자이다.

孝順還生孝順子　忤逆還生忤逆子
효 순 환 생 효 순 자　　오 역 환 생 오 역 자

不信但看簷頭水　點點滴滴不差移
불 신 단 간 첨 두 수　　점 점 적 적 불 차 이

《增廣賢文증광현문》

⬆ 효도하고 순종하는 사람은 돌아서 효도하고 순종하는 자식을
낳고, 거스르고 거스르는 사람은 돌아서 거스르는 자식을 낳
나니, 믿지 못하겠거든 다만 처마 끝의 물을 보아라. 점점이
방울져 떨어져 내림이 어긋나서 옮겨짐이 없느니라.

핵심 한자 풀이

順
순종할 순
① 온순하다 ② 좇다 ③ 차례
순응順應 : 남의 요구에 순순히 잘 따름. 응할 응應
순종順從 : 순순히 좇아 복종함. 좇을 종從
순연順延 : 차례로 연기함. 끌 연延

生
낳을 생
① 낳다 ② 삶 ③ 서투르다 ④ 싱싱하다 ⑤ 날것
생산生産 : 아이를 낳음. 자연물에 인력을 더해 재화를 만들어
　내는 일. 낳을 산産
사생이취의舍生而取義 : 구차한 삶을 버리고 의로움을 취함. 버
　릴 사舍, 취할 취取, 의로울 의義
생소生疎 : 서투르고 친하지 않음. 낯이 섦. 성길 소疎

71

생동生動 : 살아 싱싱하게 움직임. **움직일 동動**

생선生鮮 : 말리거나 절이지 아니한 잡은 그대로의 물고기. **생선
선鮮**

還
돌 환

① 돌아오다 ② 돌려보내다

환속還俗 : 중으로 있다가 세속의 사람으로 돌아옴. **속될 속俗**

환급還給 : 돈이나 물건을 다시 돌려줌. **줄 급給**

忤
거스를 오

오역忤逆 : 나라와 겨레를 배반함. **거스를 역逆**

逆
거스를 역

① 거스르다 ② 어긋나다

역습逆襲 : 막는 처지에 있다가 거슬러 반격에 나섬. **쳐들어갈 습襲**

막역지우莫逆之友 : 거스름이 없는 친구. 마음이 맞아 생사生死
를 같이할 수 있는 친밀한 벗. **없을 막莫, ~의 지之, 벗 우友**

역경逆境 : 일이 어긋나서 뜻대로 안 되는 불행한 경우. **지경 경境**

信
믿을 신

① 믿음 ② 편지 ③ 표지

신념信念 : 믿는 마음. **생각 념念**

화신花信 : 꽃 소식. 봄 편지. **신호 신信**

신호信號 : 일정한 부호나 표시로써 의사를 통하거나 지시를 하
는 일. **부호 호號**

但
다만 단

단서但書 : 다만 덧붙이는 글. 본문 다음에 그에 대한 어떤 조건
이나 예외를 덧붙여 쓴 글. **글 서書**

看
볼 간

간과看過 : 보고서도(무시하고) 지나가 버림. 예사例事로이 보아
넘김. **지나갈 과過**

간호사看護師 : 보살펴 주고 보호해 주는 사람. 일정한 법적 자
격을 갖추고 의사의 진료 보조와 환자患者의 간호에 종사하는

사람. 보호할 호護, 전문가 사師
주마간산走馬看山 : 달리는 말에서 산을 바라본다는 뜻으로, 바
　　　빠서 자세하게 살펴보지 않고 대강 보고 지나감을 일컫는 말.
　　　달릴 주走, 말 마馬, 산 산山

簷
처마 **첨**

모첨茅簷 : 초가지붕의 처마. **띠 모茅**

頭
머리 **두**

① 우두머리 ② 머리 ③ 꼭대기
두목頭目 : 좋지 못한 집단의 우두머리. **우두머리 목目**
봉두난발蓬頭亂髮 : 쑥 같은 머리와 어지러운 머리털. 쑥대강이
　　　같이 마구 흐트러진 머리털. **쑥 봉蓬, 어지러울 난亂, 터럭 발髮**
백척간두百尺竿頭 : 백 자나 되는 높이의 장대 위에 올라섰다는
　　　의미로 몹시 위태롭고 어려운 지경에 빠짐을 일컫는 말. **일백**
　　　백百, 자 척尺, 장대 간竿

點
점 **점**

① 작은 흔적 ② 불 켜다
관점觀點 : 사물을 관찰하거나 고찰할 때 그것을 보거나 생각하
　　　는 각도. **볼 관觀**
점화點火 : 불을 붙임. 불을 켬. **불 화火**

滴
물방울
떨어질 **적**

물방울
연적硯滴 : 먹을 갈 때 벼루에 따를 물을 담아 두는 그릇. **벼루 연硯**

差
어긋날 **차**

① 어긋나다 ② 병 낫다 ③ 나머지
차별差別 : 차이가 있게 구별함. 등급지게 나누어 가짐. **다를 별別**
차도差度 : 병이 나아져 가는 일. **정도 도度**
차액差額 : 어떤 액수에서 다른 액수를 감한 나머지 액수. **액수 액額**

73

移
옮길 이

우공이산愚公移山 : 옛날 우공愚公이라는 사람이 자기 집 앞에 산이 있음으로 인해 멀리 돌아서 다녀야 함을 불편하게 생각하여서 산을 없애기로 마음먹었다. 열심히 꾸준히 하면 언젠가는 옮길 수 있다는 생각으로 날마다 열심히 흙을 퍼 나르기 시작하자 옥황상제가 정성에 감동하여 하룻저녁에 산을 옮겨 주었다고 한다. 어떤 일이든 꾸준하게 열심히 하면 반드시 이룰 수 있음을 이르는 말로 쓰이고 있다. 어리석을 우愚, 사람에 쓰이는 접미사 공公, 산 산山

正己

正_정 己_기

正 己 —————————

바를 정 자기 몸 기

- 자기 몸을 바르게 함.
- 자신의 몸을 바르게 해야 한다.
- 자신의 몸을 바르게 한 다음에야 남을 올바르게 다스릴 수 있는 법이다. 아울러 항상 자신
  을 반성할 수 있어야 하고 맡은 일에 성의를 다하며 감정을 통제하고 청렴하여야 한다.

다른 사람의 착함을 보고

性理書云 見人之善而尋己之善 見
성 리 서 운 견 인 지 선 이 심 기 지 선 견

人之惡而尋己之惡 如此 方是有益
인 지 악 이 심 기 지 악 여 차 방 시 유 익

◐ 성리서에 이르기를 '다른 사람의 착함을 보고 자기의 착함을
찾고, 다른 사람의 악함을 보고 자기의 악함을 찾아야 한다.
이와 같이 해야만 바야흐로 이것에 유익함이 있을 것이다.'

핵심 한자 풀이

性理書
성 리 서
　중국 명나라 때 나온 인간의 심성心性과 우주의 원리原
理를 연구하는 성리학性理學에 관한 책.《성리대전性理
大全》총 70권으로 1415년(영락 13)에 완성됨. 호광胡廣
등 42명의 학자가 왕명王命을 받아 주제별로 여러 학자學者의 학설學說
을 분류分類·편집編輯하고, 그 하나하나에 관한 제가諸家의 설說을 정
주程朱의 해설을 중심으로 수록·편찬함.

云
말할 운
　운운 云云 : 이러쿵저러쿵하는 여러 가지의 말.
혹운 或云 : 어떤 사람이 말하기를. 혹시 혹或

見
볼 견

① 보다 ② 의견(생각) ③ 뵈옵다 **현** ④ 드러나다 **현**

견문발검見蚊拔劍 : 모기를 보고 칼을 뺀다는 의미로 사소한 일에 크게 성내어 덤빔을 이르는 말. **모기 문蚊, 뺄 발拔, 칼 검劍**

의견意見 : 마음속에 느낀 생각. **뜻 의意**

알현謁見 : 지체가 높은 사람을 만나 뵙는 일. **뵐 알謁**

독서백편의자현讀書百遍意自見 : 책을 읽음에 백 번 두루 읽으면 뜻이 저절로 드러난다. 반복 학습의 중요성을 일컫는 말. **읽을 독讀, 글 서書, 두루(처음부터 끝까지) 편遍, 뜻 의意, 저절로 자自, 나타날 현見**

人
다른 사람 인

① 사람 ② 백성

인권人權 : 사람마다 가지고 있는 기본 권리. **권리 권權**

인민人民 : 사회를 구성하는 백성. **백성 민民**

之
~의 지

① 가다 ② 관형격 조사 ③ 대명사 ④ 주격 조사

善
착할 선

① 착하다 ② 좋다(훌륭하다) ③ 잘하다 ④ 옳게 여기다

선량善良 : 착하고 어짊. **어질 량良**

최선책最善策 : 가장 좋거나 훌륭한 방법. **가장 최最, 방법 책策**

선용善用 : 알맞게 잘 사용함. **쓸 용用**

독선獨善 : 자기 혼자만이 옳다고 믿고 행동하는 일. **홀로 독獨**

而
말 이을 이

그리고, 그러나

尋
찾을 심

① 찾다 ② 보통

심방尋訪 : 찾아서 방문함. **찾을 방訪**

심상尋常 : 보통이고 보통임. 대수롭지 아니하고 예사로움. **보통 상常**

자기 자신 기

다른 사람을 가리킬 때에는 '인人'을 쓰고, 자기 자신을 가리킬 때에는 '기己'를 쓴다.

기소불욕물시어인己所不欲勿施於人 : 자기가 하고 싶지 않은 바

를 다른 사람에게 베풀지(시키지) 마라. 바 소所, 하고자 할 욕欲,
말 물勿, 베풀 시施, 어조사 어於, 다른 사람 인人

惡
악할 **악**

① 나쁘다 ② 미워하다 **오**
악평惡評 : 나쁘게 평가함. **평가할 평評**
수오지심羞惡之心 : 잘못을 부끄러워하고 악을 미워하는 마음.
부끄러워할 수羞, 마음 심心

如
같을 **여**

여하如何 : 어떻게 하는가, 또는 어떠한가. 명사의 뒤에 놓여
일의 귀추가 앞 말의 결과 혹은 추이에 달려 있음을 나타냄.

此
이것 **차**

가장 가까운 사물을 일컫는 말.

方
바야흐로 **방**

① 네모 ② 방위 ③ 방법
방주方舟 : 네모난 배. **배 주舟**
사방四方 : 동서남북의 네 방향. 둘레의 모든 방향.
방안方案 : 일을 처리할 방법이나 방도에 관한 생각. **생각 안案**

是
이것 **시**

① 이것 ② 옳다
시일야방성대곡是日也放聲大哭 : 이날이야말로 소리(목) 놓아 크
게 울 날이다. **이것 시是, 날 일日, 어조사 야也, 놓을 방放, 소리 성聲,
울 곡哭**
시인是認 : 옳다고 인정하다. **인정할 인認**

益
이로울 **익**

① 더하다 ② 유익하다
증익增益 : 더하여 늘어나게 함. **더할 증增**
익조益鳥 : 농작물의 해충을 잡아먹는 등 직접 간접으로 인간에
게 유익함을 주는 새. **새 조鳥**
다다익선多多益善 : 많으면 많을수록 더욱 좋다. **많을 다多, 좋을 선善**

太公曰　勿以貴己而賤人　勿以自
태 공 왈　물 이 귀 기 이 천 인　물 이 자

大而蔑小　勿以恃勇而輕敵
대 이 멸 소　물 이 시 용 이 경 적

⬆ 태공이 말하기를 "자기 자신만을 귀하게 여김으로써 다른 사람
　을 천하게 여기지 말고, 자기가 크다는 이유로 작은 사람을 업
　신여기지 말며, 용맹을 믿음으로써 적을 가볍게 여기지 마라."

핵심 한자 풀이

| 太公
태공 | 주나라 무왕을 도와 은나라 주왕을 멸망시킨 강태공. |

勿
말 물

금지(~하지 마라)의 의미.
과즉물탄개過則勿憚改 : 잘못이 있은즉 고치는 것을 주저躊躇하
　지 말아야 함. 잘못 과過, 곧 즉則, 꺼릴 탄憚, 고칠 개改

以
~으로써 이

이내以內 : 일정한 한도의 안. 안 내內
소이所以 : 어떤 일을 하게 된 바(이유, 까닭). ~바 소所

貴
귀하게
여길 **귀**

① 귀하게 여기다 ② 높임말의 접두어

빈부귀천貧富貴賤 : 가난함과 부유함과 귀함과 천함. **가난할 빈貧,
넉넉할 부富, 천할 천賤**

귀체貴體 : 귀한 몸, 또는 상대편을 높여 그의 몸을 이르는 말. **몸
체體**

賤
천하게
여길 **천**

① 천하다 ② 값싸다

천대賤待 : 업신여겨 푸대접함. 함부로 다룸. **대접할 대待**

천렴귀발賤斂貴發 : 값싸게 거두어들여서(사서) 귀하게(비싸게)
파는 일. **거둘 렴斂, 보낼 발發**

自
스스로 **자**

① 스스로 ② ~부터

자강불식自强不息 : 스스로 강하게 하기에 힘쓰고 쉬지 아니함.
굳셀 강强, 쉴 식息

자초지종自初至終 : 처음부터 끝에 이르기까지. **처음 초初, 이를 지
至, 끝날 종終**

蔑
업신여길 **멸**

경멸輕蔑 : 어떤 사람이나 태도態度 등을 가볍게 보거나 업신여
겨 싫어하거나 미워하는 것. **가볍게 여길 경輕**

恃
믿을 **시**

믿고 의지하다

시험恃險 : 험한 지형地形을 의지依支함.

시뢰恃賴 : 믿고 의지함.

勇
용기 **용**

① 용기 ② 날래다 ③ 용사

용감勇敢 : 용기 있고 굳셈. **굳셀 감敢**

용맹勇猛 : 날래고 사나움. **사나울 맹猛**

용사勇士 : 용감한 군사. **선비 사士**

輕
가볍게
여길 **경**

① 가볍다 ② 업신여기다 ③ 경솔하다

경중輕重 : 가벼움과 무거움. **무거울 중重**

경멸輕蔑 : 가볍게 보고 업신여김. **업신여길 멸蔑**

경조부박輕佻浮薄 : 사람됨이 경솔하고 진중하지 못하고 들떠 있고 천박함. **방정맞을 조佻, 뜰 부浮, 엷을 박薄**

敵
원수 **적**

① 원수 ② 대등하다

적국敵國 : 원수의 나라. 상대가 되어 싸우는 나라. **나라 국國**

필적匹敵 : 재주나 힘 따위가 엇비슷하여 서로 견줄 만함. **맞설 필 匹**

馬援曰　聞人之過失　如聞父母之
마 원 왈　　문 인 지 과 실　　여 문 부 모 지

名　耳可得聞　口不可言也
명　　이 가 득 문　　구 불 가 언 야

《後漢書후한서》〈馬援列傳마원열전〉

➡ 마원이 말하기를 "다른 사람의 허물을 듣게 되거든 부모의 이름을 듣는 것과 같이 하여 귀로는 가히 들어서 얼을지라도 입으로는 말해서 안 되느니라."

핵심 한자 풀이

馬援
마 원
중국 후한 시대 광무제 때 활약한 장수. (29쪽 참고)

聞
들을 문
① 들리다 ② 소문
견문見聞 : 보거나 들어서 깨달아 얻은 지식. 볼 견見
풍문風聞 : 바람결에 들리는 소문. 세상에 떠도는 소문. 바람 풍風

過
허물 과
① 지나치다 ② 허물 ③ 건너다
과로過勞 : 몸이 고달플 정도로 지나치게 일함. 힘쓸 로勞
과실상규過失相規 : 허물과 나쁜 행실을 서로 규제함. 잘못 실失,
　　서로 상相, 규제할 규規

과정過程 : 일이나 상태가 진행하는 길(경로). 길 程

失 잘못할 **실**
① 잃다 ② 그르치다
실업失業 : 일(직업)을 잃음. 일 업業
실언失言 : 실수로 말을 그르치고 잘못함. 말씀 언言
망연자실茫然自失 : 제정신을 잃고 자신의 존재를 잊어버려서 어리둥절한 모습. 아득할 망茫, 그러할 연然, 스스로 자自

名 이름 **명**
① 이름 짓다 ② 이름나다
명함名銜 : 성명, 주소, 신분 등을 적은 종이쪽지. 직함 함銜
명승名勝 : 이름이 날 정도로 뛰어나게 아름다운 곳. 뛰어날 승勝
명실상부名實相符 : 이름과 실상實相이 서로 들어맞음. 알려진 것과 실제實際의 상황이나 능력에 차이가 없음. 실제 실實, 서로 상相, 들어맞을 부符

耳 귀 **이**
마이동풍馬耳東風 : 말의 귀에 동쪽에서 불어오는 바람이라는 뜻으로, 남의 비평批評이나 의견意見을 조금도 귀담아 듣지 아니하고 흘려 버림을 일컫는 말. 말 마馬, 동녘 동東, 바람 풍風

可 허락할 **가**
① 허락하다 ② 가히 ③ 옳다
인가認可 : 인정하여 허락함. 인정할 인認
가관可觀 : 가히 볼 만함. 남의 행동이나 모양을 비웃어 이르는 말. 볼 관觀
가결可決 : 옳다고 결정함. 정할 결決

得 얻을 **득**
① 얻다 ② 깨닫다
득세得勢 : 세력을 얻다. 세력 세勢
터득攄得 : 생각을 펼쳐서 깨달음. 펼 터攄

83

Tip 不可 **불가** | 안 된다

言
말할 언

언중유골言中有骨 : 말 속에 뼈가 있다는 뜻으로, 예사例事로운 표현表現 속에 만만치 않은 뜻이 들어 있음. **가운데 중中, 있을 유有, 뼈 골骨**

실언失言 : 실수로 말을 잘못함. **잘못할 실失**

언급言及 : 하는 말이 거기까지 미침. 어떤 문제에 대해 말함. **미칠 급及**

방언方言 : 지방의 말. 특정 지방에서만 쓰는 말. **지방 방方**

폭언暴言 : 난폭하게 하는 말. **난폭할 폭暴**

예언豫言 : 미래의 일을 미리 말해 줌. **미리 예豫**

망언妄言 : 망령된 말. 이치에 맞지 않고 허황된 말. **망령될 망妄**

일언반구一言半句 : 한 마디 말과 반절의 글귀. 아주 짧은 말. **반절 반半, 글귀 구句**

也
어조사 야

언즉시야言則是也 : 말인즉 옳다. 이치에 어그러진 말은 아니다. **말 언言, 곧 즉則, 옳을 시是**

시비지심 지지단야是非之心 智之端也 : 옳고 그름을 따질 수 있는 마음은 지혜의 실마리이니라. **지혜 지智, 실마리 단端**

道吾善者 是吾敵 道吾惡者 是吾師
도 오 선 자　시 오 적　도 오 악 자　시 오 사

③①②④　①②③　③①②④　①②③

《陳確別集진확별집》〈聞過문과〉

➡ 나의 착한 점을 말하는 사람, 이 사람은 나의 도둑이고, 나의
나쁜 점을 말하는 사람, 이 사람은 나의 스승이다.

핵심 한자 풀이

道
말할 도

① 말하다 ② 길 ③ 도 ④ 행정구역 이름
보도報道 : 신문이나 방송으로 나라 안팎의 새로운 소식을 일반
에게 널리 알리고 말함. **알릴 보報**
횡단보도橫斷步道 : 가로질러 끊어 가지고 보행자가 걸어 다닐
수 있도록 만든 길. **가로 횡橫, 끊을 단斷, 걸음 보步**
도교道敎 : 무위자연無爲自然을 기본 사상으로 하는 중국의 토착
종교. **종교 교敎**
도계道界 : 도와 도의 경계. **경계 계界**

吾
나 오

오등吾等은 자玆에 아我 조선朝鮮의 독립국獨立國임과 조선인朝
鮮人의 자주민自主民임을 선언宣言하노라 : 우리들은 이에 우
리 조선이 독립국임과 조선인이 자주민임을 널리 펼쳐서 말
하노라. **무리 등等, 이 자玆, 우리 아我, 홀로 독獨, 펼 선宣**

者
사람 **자**

① 사람 ② ~것

필자筆者 : 글을 쓴 사람. 쓸 필筆

농자천하지대본農者天下之大本 : 농사라는 것은 천하의 큰 근본
이다. 농사 농農, ~의 지之, 근본 본本

是
이 사람 **시**

① 이것(지시대명사) ② 옳다

시일야방성대곡是日也放聲大哭 : 이날이야말로 소리 놓아 크게
울 날이다. 어조사 야也, 놓을 방放, 소리 성聲, 울 곡哭

시비지심是非之心 : 옳고 그름을 따지는 마음, 옳은 것은 옳다 하
고 그른 것은 그르다고 하는 마음. 그를 비非

賊
도둑 **적**

① 도둑 ② 해치다 ③ 역적

적반하장賊反荷杖 : 도둑이 반대로 지팡이를 어깨에 멘다는 의
미로 잘못한 사람이 오히려 화냄을 비유하는 말. 반대로 반反,
멜 하荷, 지팡이 장杖

적심賊心 : 해치려는 마음.

적신賊臣 : 배반하는 신하. 역적. 신하 신臣

師
스승 **사**

① 스승 ② 군사 ③ 전문가

사표師表 : 학식과 인격이 높아 남의 모범이 될 만한 사람. 나타
날 표表

사단師團 : 사령부를 가진, 독자적으로 작전을 수행할 수 있는
최소의 단위 부대. 덩어리 단團

기사技師 : 전문 지식을 필요로 하는 특별한 기술 업무를 맡아보
는 사람. 재주 기技

해설

나의 착한 점만을 들춰내어 나로 하여금 현실에 만족하게 하
고 자만에 빠지게 하는 사람은 나를 게으르게 만들기 때문에
비록 나의 물건을 훔치지는 않았어도 내가 노력할 기회를 빼

앗은 것이나 다름없고, 나의 나쁜 점을 들춰내는 사람은 나로
하여금 반성하고 분발할 기회를 제공해 주기 때문에 나의 스
승이 된다.

_____

太公曰　勤爲無價之寶　愼是護身
태 공 왈　근 위 무 가 지 보　신 시 호 신

之符
지 부

➡ 태공이 말하기를 "부지런함은 값을 따질 수 없는 귀중한 보배
가 되고, 신중함은 몸을 보호하는 부적이 된다."

핵심 한자 풀이

勤
부지런할 근

① 부지런하다 ② 임무
근로勤勞 : 부지런히 일함.　힘쓸 로勞
근무勤務 : 일정한 직장에 적籍을 두고 임무를 수행하기 위해 일
함.　일 무務

爲
~될 위

① ~되다 ② ~하다 ③ 위하다
위계구무위우후爲鷄口無爲牛後 : 닭의 입이 될지언정 소의 꼬리는
되지 마라.　닭 계鷄, 입 구口, 말라(금지) 무無, 소 우牛, 뒤 후後
위정자爲政者 : 정치를 하는 사람.　정치 정政, 사람 자者
위국충절爲國忠節 : 나라를 위한 충성스러운 절개.　나라 국國, 충
성 충忠, 절개 절節

價
값 가

無價무가 : 값어치를 따질 수 없을 만큼 귀중한. 없을 무無

寶
보배 보

전가보도傳家寶刀 : 대대로 집안에 전해지는 보배로운 칼이라는 뜻으로, 원래 대단한 자랑거리 또는 어떤 어려운 문제를 해결하는 결정적 방법이나 수단을 가리키는 말로 쓰였으나 요즘은 어떤 곤란한 문제에서 벗어나는 상투적 수단이라는 의미로 쓰인다. 전할 전傳, 집안 가家, 칼 도刀

愼
삼갈 신

신독愼獨 : 홀로 있을 때에도 도리에 어그러짐이 없도록 삼가야 한다. 홀로 독獨
근신謹愼 : 일정 기간 출근이나 등교 등을 하지 아니하고 말이나 행동을 삼감. 삼갈 근謹

是
~이다 시

① ~이다 ② 옳다 ③ 이것

護
보호할 호

변호인辯護人 : 말을 잘해서 피의자나 피고인을 보호해 주는 사람. 말 잘할 변辯
구호救護 : 구해 주고 보호해 줌. 어려움에 처한 사람을 도와 보호함. 건질 구救
비호庇護 : 어떤 개인이나 집단을 편들어 감싸거나 보호함. 감쌀 비庇
경호警護 : 뜻밖의 사고가 일어나지 않도록 경계하고 보호함. 경계할 경警

符
부적 부

① 부적 ② 부호 ③ 맞다
부적符籍 : 불교나 도교를 믿는 집에서 잡신을 쫓고 재앙을 물리치기 위해 야릇한 붉은 글씨로 그리어 붙이는 종이.
부호符號 : 어떠한 뜻을 나타내기 위하여 정한 기호. 기호 호號
부합符合 : 사물이나 현상이 합해짐(꼭 들어맞음). 맞을 합合

子曰　君子有三戒　少之時血氣未定
자　왈　　군　자　유　삼　계　　소　지　시　혈　기　미　정

戒之在色　及其壯也血氣方剛戒之
계　지　재　색　　급　기　장　야　혈　기　방　강　계　지

在鬪　及其老也血氣旣衰戒之在得
재　투　　급　기　노　야　혈　기　기　쇠　계　지　재　득

《論語논어》〈季氏계씨〉편 7장

➡ 공자가 말하기를 "군자는 세 가지 경계할 것이 있으니 나이가
어릴 때에는 혈기가 정해지지 않았으므로 경계할 것이 여색女
色에 있고, 그가 장성함에 이르러서는 혈기가 바야흐로 굳센
지라 경계할 것이 싸움에 있으며, 그가 늙음에 이르면 혈기가
이미 쇠한지라 경계할 것이 욕심껏 얻으려는 데 있다."

핵심 한자 풀이

Tip　君子　군자 | 지덕知德을 겸비한 훌륭한 남자

有　가지다, 소유하다
있을 유

戒　① 경계하다 ② 삼가다 ③ 타이르다
경계할 계　경계警戒 : 범죄나 사고 등 좋지 않는 일이 일어나지 않도록 미
　리 마음을 가다듬어 조심함. 경계할 경警

목욕재계沐浴齋戒 : 목욕을 하여 몸을 깨끗이 하고 마음을 가다
듬는 일. **머리감을 목沐, 몸 씻을 浴, 엄숙할 재齋**

훈계訓戒 : 잘못하지 않도록 가르치고 타이름. **가르칠 훈訓**

少 젊을 소

① 젊다 ② 적다

소년이로학난성少年易老學難成 : 젊은이는 늙기 쉽고 학문은 이
루기 어렵다. **쉬울 이易, 늙을 로老, 학문 학學, 어려울 난難, 이룰 성成**

다소多少 : 많음과 적음. 조금이긴 하지만 어느 정도. **많을 다多**

時 때 시

만시지탄晩時之歎 : 때늦은 한탄恨歎이라는 의미로, 시기가 늦어
기회機會를 놓친 것이 원통冤痛해서 탄식歎息함을 이르는 말.
늦을 만晩, 탄식할 탄歎

금시초문今時初聞 : 지금 시간에 처음으로 들음. **이제 금今, 처음
초初, 들을 문聞**

血 피 혈

빈혈貧血 : 피가 가난한 상태. 혈액 속의 적혈구나 혈색소가 정
상값보다 감소되어 있는 상태. **가난할 빈貧**

수혈輸血 : 피를 날라 옴. 필요한 것들을 외부에서 들여옴. **나를
수輸**

심혈心血 : 온 힘과 정신과 정성. **마음 심心**

氣 기운 기

① 기운(힘) ② 숨 ③ 기체 ④ 자연현상

혈기血氣 : 피와 기운, 목숨을 유지하는 체력. 격동激動하기 쉬운
의기義氣. **피 혈血**

기관氣管 : 척추동물의 목에서 폐로 이어지는 관. **대롱 관管**

기압氣壓 : 대기의 압력. **누를 압壓**

기상氣象 : 비 · 눈 · 바람 · 구름 · 기온 · 기압 등 대기 속에서
일어나는 자연현상. **모양 상象**

色
색정 **색**

① 색 ② 색정
색맹色盲 : 색채를 식별하는 감각이 불완전하여 빛깔을 구별하
　지 못하거나 다른 빛깔로 잘못 보는 상태. 또는 그런 증상의
　사람. **눈멀 맹盲**
색정色情 : 남녀 사이에 서로 탐하는 감정. **감정 정情**

之
주격조사 **지**

'之'는 관형격 조사(~의)로 많이 쓰이고 대명사로도 쓰이지만
문장에서는 주격 조사(~이)로도 많이 쓰인다.

及
미칠 **급**

급제及第 : 차례에 미침. 시험 합격자 순위에 미침. **차례 제第**
언급言及 : 하는 말이 거기까지 미침. 어떤 문제에 대해 말함. **말
　씀 언言**

壯
장성할 **장**

① 씩씩하다 ② 웅장하다 ③ 젊다
장렬壯烈 : 씩씩하고 열렬함. **세찰 렬烈**
장관壯觀 : 웅장하고 훌륭한 광경. **볼 관觀**
소장少壯 : 젊고 기운이 세참. **젊을 소少**

方
바야흐로 **방**

① 네모 ② 방위 ③ 장소 ④ 방법 ⑤ 바야흐로
방안지方眼紙 : 바둑판처럼 네모가 그려진 종이. **눈 안眼, 종이 지紙**
방위方位 : 동서남북을 기준으로 하여 정한 방향. **자리 위位**
근방近方 : 가까운 곳. **가까울 근近**
사후약방문死後藥方文 : 죽은 뒤에 약방문藥方文을 쓴다는 뜻으
　로, 이미 때가 지난 후에는 대책을 세우거나 후회해도 소용없
　다는 말. **죽을 사死, 뒤 후後, 방법 방方, 문서 문文**
방금方今 : 바로 이제. **바야흐로 지금**

剛
굳셀 **강**

굳세다, 억세다

鬪
싸움 투

전투戰鬪 : 전쟁에서 이기기 위해 온갖 병기를 써서 맞붙어 싸움. 싸울 전戰

투우鬪牛 : 소싸움. 소 우牛

이전투구泥田鬪狗 : 진흙탕에서 싸우는 개라는 뜻으로, 명분名分이 서지 않는 일로 몰골사납게 싸움을 일컫는 말. 진흙 니泥, 밭 전田, 개 구狗

老
늙을 노

① 늙다 ② 익숙하다 ③ 어른

노약자老弱者 : 늙은이와 약한 사람. 약할 약弱

백년해로百年偕老 : 부부夫婦가 서로 사이좋게 함께 늙음을 이르는 말. 함께 해偕

노련老鍊 : 오랫동안 경험을 쌓아 익숙하고 능란함. 익숙할 련鍊

장로長老 : 나이가 많고 학문과 덕이 높은 사람. 어른 장長

衰
쇠할 쇠

쇠퇴衰退 : 쇠하여 물러남. 힘이나 세력 등이 이전보다 못한 상태로 됨. 물러날 퇴退

쇠약衰弱 : 쇠하여 약해짐. 힘이나 세력 등이 약해짐. 약할 약弱

성쇠盛衰 : 융성하고 쇠퇴함. 융성할 성盛

得
탐욕 득

① 얻다 ② 만족하게 여기다 ③ 깨닫다

기득권旣得權 : 이미 얻은 권리. 이미 기旣. 권리 권權

납득納得 : 받아들여 만족하게 여김. 남의 말이나 형편을 잘 이해하고 긍정함. 들일 납納

설득說得 : 말로써 깨닫도록 함. 말씀 설說

孫眞人養生銘云　怒甚偏傷氣　思
손 진 인 양 생 명 운　　노 심 편 상 기　　사

多太損神　神疲心易役　氣弱病相
다 태 손 신　　신 피 심 이 역　　기 약 병 상

因　勿使悲歡極　當令飮食均　再三
인　　물 사 비 환 극　　당 령 음 식 균　　재 삼

防夜醉　第一戒晨嗔
방 야 취　　제 일 계 신 진

➡ 손진인 선생이 양생명에서 이르기를 "성내기가 심하게 치우치면 기운을 상하게 할 것이요, 생각이 많고 크면 정신이 손상될 것이요, 정신이 피로하면 마음이 쉽게 수고로울 것이요, 기운이 약하면 병의 바탕과 원인이 된다. (그러므로) 슬픔과 기쁨(의 감정)을 지극하게 다하지 말아야 하고, 마땅히 음식을 고르게 해야 하며, 두세 차례 (계속하여) 밤에 술 취하는 것을 막아야 하며, 첫째로 (무엇보다 먼저) 경계해야 할 것은 새벽녘에 성내는 것이다."

핵심 한자 풀이

孫眞人　손孫씨 성을 지닌 진인. '진인眞人'은 도가에서 참된 삶을
손 진 인　깨달아 도道를 얻은 사람을 가리킴.

養生銘
양 생 명

'기를 養' '살 生'의 양생養生은 마음과 몸을 건강하게 보존하고 기른다는 의미이기에 양생명養生銘은 마음과 몸을 건강하게 하는 방법의 핵심을 적은 글이다.

怒
성낼 노

① 성나다 ② 세차다

노기怒氣 : 성난 기운. 성난 얼굴빛이나 기세. **기운 기氣**

질풍노도疾風怒濤 : 빠르게 부는 바람과 성나게 소용돌이치는 물결. **빠를 질疾, 큰 물결 도濤**

甚
심할 심

극심極甚 : 지극히 심함. **지극할 극極**

후회막심後悔莫甚 : 후회가 (더 이상) 심할 수 없음. **뉘우칠 회悔, 없을 막莫**

偏
치우칠 편

편집偏執 : 끝까지 어떤 일에 집착함. 편견을 주장하여 남의 의견을 받아들이지 않음. **잡을 집執**

불편부당不偏不黨 : 어느 무리 어느 당에도 가담하지 않고 기울지 않음. 공정하고 중립의 처지에 섬. **무리 당黨.**

Tip '不'은 일반적으로 '불'로 읽으나 'ㄷ'과 'ㅈ' 앞에서는 '부'로 읽는다.

傷
다칠 상

① 다치다 ② 해치다 ③ 근심하다

중상모략中傷謀略 : 마음에 상처를 주는 술책이나 꾀. 터무니없는 말로 남을 헐뜯거나 해치려고 속임수를 써서 일을 꾸밈. **마음 중中, 술책 모謀, 꾀 략略**

思
생각 사

사고력思考力 : 생각하고 생각하는 능력. **생각 고考, 힘 력力**

심사숙고深思熟考 : 깊이 생각하고 오랫동안(익도록) 생각함. **깊을 심深, 익을 숙熟, 생각 고考**

多
많을 다

다다익선多多益善 : 많으면 많을수록 더욱 좋음. **더욱 익益, 좋을 선善**

太
클 태

태평성대太平聖代 : 크게 평화롭고 융성한 시대. **평화로울 평平, 융
성할 성聖, 시대 대代**

태평양太平洋 : 크게 평평한 바다. **평평할 평平, 큰 바다 양洋**

損
상할 손

① 상하다 ② 덜다 ③ 잃다

손상損傷 : 상하거나 깨어져서 손해가 됨. 명예나 체면 등이 떨
어지거나 어려워지게 됨. **상처 상傷**

감손減損 : 적어짐. 줄임. **덜 감減**

손실損失 : 잃어버림. **잃을 실失**

神
정신 신

① 정신 ② 귀신 ③ 신령

정신일도하사불성精神一到何事不成 : 정신이 하나에 이르면 어
찌 일을 이루지 못하랴? **이를 도到, 어찌 하何**

疲
고달플 피

① 고달프다 ② 피곤하다 ③ 야위다

易
쉬울 이

① 쉽다 ② 바꾸다 역 ③ 주역 역

役
수고로울 역

역할役割 : 해야 할 일 중 나에게 나누어진 일. **나눌 할割**

징역懲役 : 죄인을 교도소에 가두어 두고 일을 시키며 수고롭게
하는 형벌. **혼낼 징懲**

弱
약할 약

약육강식弱肉强食 : 약한 자의 육체(몸)는 강한 자의 먹이가 된
다. 생존경쟁生存競爭의 살벌함을 말함. **몸 육肉, 힘셀 강强, 먹이
식食**

相
바탕 상

① 서로 ② 보다 ③ 돕다 ④ 모습 ⑤ 재상

因 원인 **인**	인과因果 : 원인과 결과
悲 슬플 **비**	비관悲觀 : 앞날의 일을 슬프게 바라봄. 볼 관觀 비운悲運 : 슬픈 운명. 운명 운運
歡 기뻐할 **환**	환대歡待 : 기쁜 마음으로 정성껏 대접함. 대접할 대待 환호작약歡呼雀躍 : 기뻐 소리 지르며 참새처럼 날뜀. 부를 호呼, 　참새 작雀, 뛸 약躍
極 지극할 **극**	①지극하다 ② 끝
令 하여금 **령**	① 하여금 ∼하게 하다 ② 법규 ③ 우두머리 ④ 아름다움 ⑤ 만일

Tip 當令　당령 ㅣ 마땅히 ∼하게 하다

飮 마실 **음**	과음過飮 : 술을 지나치게 마심. 지나칠 과過
食 먹을 **식**	포식飽食 : 배불리 먹음. 배부를 포飽 식무구포食無求飽 : 먹음에 배부름을 구하지 마라. ∼하지 말 무 　無, 구할 구求, 배부를 포飽
均 고를 **균**	균일제均一制 : 값이나 요금 따위를 고르게 하는 제도. 제도 제制

Tip 再三　재삼 ㅣ 두세 번 거듭

防
막을 **방**

① 막다 ② 둑

사방댐砂防dam : 하천의 흙이나 모래가 흘러내리는 것을 막기
   위해 만든 댐. **모래 사砂**

방공防空 : 하늘을 막음. 적의 비행기 공격에 대한 방비. **하늘 공空**

제방堤防 : 둑. **둑 제堤**

醉
취할 **취**

① 빠지다 ② 마음을 빼앗기다

취객醉客 : 취한 손님. **손님 객客**

심취心醉 : 한 가지 방면으로 마음이 쏠리어 열중함. **마음 심心**

晨
새벽 **신**

혼정신성昏定晨省 : 저녁에 부모님의 잠자리를 정해 드리고 새
   벽에 안부를 살펴 드림, 효의 기본이라 일컬어짐. **저녁 혼昏, 정
   할 정定, 살필 성省**

嗔
성낼 **진**

진언嗔言 : 성을 내서 꾸짖는 말. **말 언言**

진책嗔責 : 성내어 꾸짖음. **꾸짖을 책責**

❷❶❹❸ ❶❹❸❷ ❶⑤❸❷❹
定心應物 雖不讀書 可以爲有德君子
정 심 응 물 　수 불 독 서 　가 이 위 유 덕 군 자

➡ 마음을 안정하게 하여 사물을 대하면 비록 글을 읽지 않았다
해도 가히 이것으로써 덕이 있는 군자가 될 수 있는 것이다.

핵심 한자 풀이

定
정할 정

인사개관정人事蓋棺定 : 사람의 일(잘잘못과 선악)은 관을 덮은
(죽은) 뒤에야 결정된다. 섣부르게 평가함을 경계한 말. **일 사
事, 정할 정定, 덮을 개蓋, 널 관棺**

應
응할 응

대답하다, 응당

인과응보因果應報 : 원인이 있으면 반드시 결과가 있고 모든 일
에는 응당 보답이 있다는 의미로, 불교에서 과거 또는 전생의
선악의 인연에 따라 뒷날 길흉화복의 갚음을 받게 된다는 말.
원인 인因, 결과 과果, 보답 보報

임기응변臨機應變 : 위기에 임했을 때 거기에 응하여 변화됨. 그
때그때 처한 뜻밖의 일을 재빨리 그 상황에 알맞게 대처하는
일. **임할 임臨, 위기 기機, 보답 보報**

物
물건 물

① 물건 ② 일

만물萬物 : 세상의 온갖 물건. **많을 만萬**

물정物情 : 세상일에 대한 사람의 생각. **생각 정情**

雖
비록 수

심성구지수부중불원의心誠求之 雖不中 不遠矣 : 마음의 정성을 다하여 그것을 구하면 비록 적중하지는 못해도 멀어지지는 않느니라. **적중할 중中, 멀어질 원遠**

讀
읽을 독

주경야독晝耕夜讀 : 낮에는 밭 갈고 밤에는 책을 읽는다. 바쁜 틈을 타서 어렵게 공부함을 이르는 말. **낮 주晝, 밭갈 경耕, 밤 야夜**

독서삼도讀書三到 : 독서를 하면서 집중해야 할 세 가지. 구도口到 · 안도眼到 · 심도心到를 일컬음. 입으로 다른 말을 안 하고, 눈으로 딴 것을 보지 않고, 마음을 하나로 가다듬고 반복 숙독해야 그 참뜻을 깨달을 수 있게 된다는 말. **이를 도到**

書
글 서

① 글 ② 편지 ③ 책

서족이기성명이의書足以記姓名而矣 : 글은 성과 이름을 쓸 수 있을 정도면 족하다. 공부를 많이 하는 것이 좋은 것은 아니라는 말. **넉넉할 족足**

서간문書簡文 : 편지글. 편지투의 글. **편지 간簡**

서가書架 : 책을 얹어 두는 시렁. **시렁 가架**

可
가능할 가

① 옳다 ② 허락하다 ③ 가히

가결可決 : 일정한 안건이나 사항을 심의하여 옳다고 결정함. **결정할 결決**

허가許可 : 제한하는 어떤 행위를 특정한 경우에 허락함. **허락할 허許**

가능可能 : 가히 할 수 있음. **능할 능能**

 **Tip** 以爲 **이위** ｜ ~이 되다

德
덕 덕

고매하고 너그러운 도덕적 품성

덕불고필유린德不孤必有隣 : 덕 있는 사람은 외롭지 않고 반드시 이웃이 있다. **외로울 고孤, 이웃 린隣**

近思錄云 懲忿如救火 窒慾如防水
근 사 록 운   징 분 여 구 화   질 욕 여 방 수

➡ 근사록에 이르기를 '성냄 징계하기를 불에서 구하는 것같이 하고, 욕심 막기를 물 막는 것같이 하라.'

핵심 한자 풀이

> **近思錄**
> **근 사 록**
> 송나라 때 주희와 그의 제자인 여조겸呂祖謙이 주돈이周敦頤 · 정호程顥 · 정이程頤 · 장재張載 등 네 학자의 글에서 학문의 중심 문제들과 일상생활에 요긴한 부분들을 뽑아 편집한 교양서. '근사近思'는 《논어論語》의 '널리 배우고 뜻을 돈독히 하며 절실하게 묻고 가까이 생각하면(切問而近思) 인仁은 그 가운데 있다'는 구절에서 따온 말이다.

懲
징계할 징

징계懲戒 : 허물이나 잘못을 뉘우치도록 나무라고 경계함. **조심할 계戒**

권선징악勸善懲惡 : 착함을 권하고 악을 징계함. **권할 권勸, 착할 선善, 악할 악惡**

忿
성낼 분

격분激忿 : 분하고 노여운 감정이 북받쳐 오름. **심할 격激**

분쟁忿爭 : 성이 나서 다툼. **다툴 쟁爭**

救
구원할 **구**

① 구원하다 ② 돕다
구급救急 : 위급한 것을 구원함. **급할 급急**
구호救護 : 재난이나 어려움에 처해 있는 사람을 도와 보호함.
　보호할 호護
구국간성救國干城 : 나라를 구하는 방패와 성. 나라를 구救하여
　지키는 믿음직한 군인軍人이나 인물人物. **방패 간干, 성 성城**

火
불 **화**

소화消火 : 불을 사라지게 하다. **사라질 소消**

窒
막을 **질**

질식窒息 : 숨이 막힘. 숨이 막힘으로 말미암아 생기는 장애나
　상태. **숨 쉴 식息**

慾
욕심 **욕**

욕망慾望 : 하고자 하거나 가지려고 하는 간절한 바람. **바랄 망望**
물욕物慾 : 물건을 탐내는 마음.

防
막을 **방**

소방서消防署 : 불을 끄는 일과 불이 나지 않도록 미리 막는 일
　을 하는 기관. **사라질 소消, 관청 서署**

水
물 **수**

수어지교水魚之交 : 물과 물고기의 사귐. 서로 없어서는 안 되는
　친한 친구. **물고기 어魚, 사귈 교交**

해설

분함을 참는 것은 불을 끄는 것처럼 서둘러 해야 하고, 욕심을
막는 것은 물난리를 막는 것처럼 정성을 들여 철저하게 막아
야 한다.

荀子曰　無用之辯不急之察　棄而
순 자 왈　　무 용 지 변 불 급 지 찰　　기 이

勿治
물 　 치

《荀子순자》〈天論천론〉편 10장

➡ 순자가 말하기를 "쓸모없는 말과 중요하지 않은 살핌은 버리
　고 다스리지 마라."

핵심 한자 풀이

荀子
순 자
중국 전국시대(기원전 403~기원전 221) 말기 유학자로 성
악설性惡說을 주장함. 성현의 예禮를 규범으로 해서 백성을
다스리자는 예치주의禮治主義를 내세웠다. 한비자韓非子와
이사李斯의 스승이기도 하다.

用
쓸 용

① 쓰이다 ② 작용

이용후생利用厚生 : 편리하게 사용하도록 하고 삶을 두텁게 한
다. 기구器具를 편리便利하게 사용하고 먹고 입을 것을 넉넉
하게 하여 백성의 생활을 나아지게 함. 편리할 이利, 두터울 후厚,
살 생生

부작용副作用 : 부수적으로 일어나는 바람직하지 못한 작용. 버
금(두 번째) 부副

辯
말 잘할 **변**

① 말 잘하다 ② 따지다
변사辯士 : 말솜씨가 있어 말을 잘하는 사람. **재능 있는 사람 사士**
변호사辯護士 : 말로 따져서 보호해 주는 사람. 재판에서 원고나
　피고를 위해 변론하는 것을 업으로 삼는 사람. **보호할 호護**

急
중요할 **급**

① 급하다 ② 중요하다
급성急性 : 병이 갑자기 증세를 드러내어 빠르게 진행함. **성질 성性**
급소急所 : 중요한 부분. 몸 가운데서 조금만 다쳐도 목숨이 위
　험한 부분. **자리 소所**

察
살필 **찰**

아복기포불찰노기아我腹既飽不察奴飢 : 내 배가 이미 부르면 종의
　배고픔을 살피지 않는다. 그 상황에 처해보지 않은 사람은 그
　사람의 아픔을 알기 어렵다는 말. **나 아我, 배 복腹, 이미 기既, 배
　부를 포飽, 종 노奴, 배고플 기飢**

棄
버릴 **기**

① 버리다 ② 그만두다
폐기廢棄 : 폐지하여 버림. **그만둘 폐廢**
기권棄權 : 권리 행사를 버림(그만둠). **권리 권權**

而
말 이을 **이**

사이비似而非 : 겉으로는 같지만 그러나 진짜는 아니다. **같을 사
　似, 아닐 비非**

治
다스릴 **치**

① 다스리다 ② 병 고치다
정치政治 : 국가의 주권자가 그 영토와 국민을 다스리는 일. **다
　스릴 정政**
치료治療 : 병을 고치기 위해 하는 의학적인 처리. **병 고칠 료療**
이열치열以熱治熱 : 열熱로써 열을 다스림. 힘에는 힘으로 또는
　강강强한 것에는 강한 것으로 상대함을 이르는 말. **〜써 이以, 더
　울 열熱**

子曰 衆好之必察焉 衆惡之必察焉
자 왈 　중 호 지 필 찰 언 　중 오 지 필 찰 언

《論語논어》〈衛靈公위령공〉 27장

➡ 공자가 말하기를 "많은 사람이 그것을 좋아하더라도 반드시 살펴야 하고, 많은 사람이 그것을 미워하더라도 또한 반드시 살펴야 되느니라."

핵심 한자 풀이

衆
무리 중

① 무리 ② 많다

중과부적衆寡不敵 : 많은 무리들을 적은 수로는 대적할 수 없다. **적을 과寡, 대적할 적敵**

중구난방衆口難防 : 많은 사람의 입은 막기가 어렵다. 여론與論의 힘이 매우 크다는 의미. **입 구口, 어려울 난難, 막을 방防**

중구삭금衆口鑠金 : 여러 사람의 말은 쇠도 녹일 수 있다. 여러 사람의 말은 큰 힘이 있다는 의미. **녹일 삭鑠, 쇠 금金**

好
좋을 호

① 좋다 ② 아름답다

호사다마好事多魔 : 좋은 일에는 많은 마귀들이 끼어든다. 좋은 일에는 나쁜 일도 많이 끼어들기 마련이다. **일 사事, 많을 다多, 마귀 마魔**

호의好意 : 좋은 뜻. 아름다운 마음씨. **뜻 의意**

之
그것 지

대명사 '그것'이라는 의미로 쓰였음.

必
반드시 필

사필귀정事必歸正 : 일은 반드시 바름으로 돌아감. 처음에는 시
　비是非 곡직曲直을 가리지 못하여 그릇되더라도 모든 일은 결
　국에 가서는 반드시 올바름이 이기게 되어 있음. 사건 事, 반
　드시 필必, 돌아갈 귀歸, 바를 정正

察
살필 찰

경찰警察 : 경계해 주고 살펴 주는 조직 및 그 사람. 경계할 경警
사찰査察 : 조사하여 살피는 일. 조사할 사査
성찰省察 : 자신의 일을 반성하며 살피고 살핌. 살필 성省

焉
어조사 언

오불관언吾不關焉 : 나는 상관하지 않음. 나 오吾, 상관할 관關

惡
미워할 오

① 미워하다 ② 악하다 악
오한惡寒 : 추위를 미워하는 상황. 몸이 오슬오슬 춥고 떨리는
　증세. 차가울 한寒
악평惡評 : 악하게(나쁘게) 평가함. 평가할 평評

해설

모든 사람이 좋아한다 해서 따져 보지도 않고 덩달아 좋아하는
것은 어리석은 일이고, 모든 사람이 싫어하고 미워한다는 이유
로 무조건 미워하는 것 역시 어리석은 일이다. 반드시 직접 냉
철하게 살피고 생각한 다음에 판단해야만 후회하지 않는다.

萬事從寬 其福自厚
만 사 종 관 　 기 복 자 후

➡ 모든 일에서 너그러움을 좇으면 그 복이 저절로 두터워지느니라.

핵심 한자 풀이

萬
모두 만

① 모두 ② 일만(10,000)

만감萬感 : 온갖 감회. 복잡한 감정.

만물상萬物商 : 온갖 일용잡화를 파는 장사, 또는 그 가게. **장사
할 상商**

기고만장氣高萬丈 : 기운氣運의 높이가 만 길이나 됨. 펄펄 뛸 만
큼 크게 성이 남. 일이 뜻대로 되어 나가 씩씩한 기운氣運이
대단하게 뻗침. **기운 기氣, 높을 고高, 길이 장丈**

事
일 사

① 일(사건) ② 섬기다

사고事故 : 뜻밖에 일어난 일이나 탈. **연고 고故**

사대事大 : 큰 것(나라)을 섬긴다는 의미로, 약자가 강자를 붙좇
아 섬김을 일컫는 말.

실사구시實事求是 : 사실事實을 토대로 옳은 것을 찾아냄. 공론
空論만 일삼는 양명학에 대한 반동으로 청조의 고증학파가 내
세운 표어. **실제 실實, 구할 구求, 옳을 시是**

107

從
좇을 종

① 따르다 ② 다음가다

종군從軍 : 군대를 따라 싸움터로 나아감. **군대 군軍**

종일품從一品 : 정1품正一品의 다음 번. 조선시대 18품계 중 두 번째 품계.

면종복배面從腹背 : 얼굴을 마주한 상태에서는 따르지만 마음으로는 배반함. 겉으로는 순종順從하는 체하고 속으로는 다른 마음을 먹음. **얼굴 면面, 마음 복腹, 배반할 배背**

寬
너그러울 관

관용寬容 : 마음이 넓어 다른 사람의 말을 잘 들음. **허용할 용容**

관대寬大 : 마음이 넓고 남을 헤아리는 아량이 있음. **큰 대大**

其
그것 기

기타其他 : 그 외에 또 다른 것. **다를 타他**

각기各其 : 저마다 따로따로. **각각 각各**

福
복 복

복권福券 : 복을 줄 가능성이 있는 문서. **문서 권券**

自
스스로 자

① 스스로 ② ～로부터

자격지심自激之心 : 스스로 격해지는 마음. 자기가 한 일에 대해 자기 스스로 물결치는(미흡하게 여기는) 마음. **물결 부딪쳐 흐를 격激**

자승자박自繩自縛 : 자신의 줄로 자기를 묶는다는 의미로 자기가 한 짓이나 말 때문에 행동의 자유를 얻지 못함을 이르는 말. **새끼줄 승繩, 묶을 박縛**

자초지종自初至終 : 처음부터 끝에 이르기까지. **처음 초初, 이를 지至, 끝날 종終**

厚
두터울 후

후생경제厚生經濟 : 생활을 두텁게 하는 경제. 국민생활의 안정과 복지를 목적으로 하는 경제. **살 생生**

이용후생利用厚生 : 편리한 기구 등을 잘 이용하여 삶을 두텁게 함.

다른 사람을 헤아려 알려고 하면

太公曰 欲量他人 先須自量 傷人
태공왈 욕량타인 선수자량 상인

之語還是自傷 含血噴人先汚其口
지어환시자상 함혈분인선오기구

➡ 태공이 말하기를 "다른 사람을 헤아려 알려고 하면 먼저 모름
지기 스스로를 헤아려 보아야 한다. 다른 사람을 해치는 말은
도리어 이것은 스스로를 상하게 하는 것이니, 피를 머금어서
남에게 뿜으면 먼저 그 입이 더러워지는 것이다."

핵심 한자 풀이

欲
하고자 할 **욕**
> 욕속부달欲速不達 : 빨리 하고자 하면 도달到達하지 못함. 어떤 일
> 을 급急하게 하면 도리어 이루지 못함. **빠를 속速, 도달할 달達**

量
헤아릴 **량**
> ① 헤아리다 ② 용량
> 재량裁量 : 자신의 헤아림과 판단에 따라 처리함. **헤아릴 재裁**
> 생산량生産量 : 일정한 기간에 재화가 생산되는 양. **낳을 산産**

他
다를 **타**
> ① 다르다 ② 남
> 타산지석他山之石 : 다른 산의 돌도 나의 옥을 다듬는 데 도움이
> 된다. 다른 사람의 하찮은 언행도 나의 지덕을 닦는 데에 도

109

움이 된다.

배타적排他的 : 자신 외의 사람이나 집단을 밀쳐내는 것. **밀칠 배排**

先
먼저 **선**

선공후사先公後私 : 먼저 공적인 일을 하고 나중에 사적인 일을
함. 사私보다 공公을 앞세운다는 뜻으로, 사사私事로운 일이
나 이익利益보다 공익公益을 앞세운다는 말.

須
모름지기 **수**

① 모름지기 ② 수염 ③ 필요하다 ④ 잠깐

남아수독오거서男兒須讀五車書 : 남자는 모름지기 다섯 수레의
책을 읽어야 한다. **읽을 독讀, 수레 거車, 책 서書**

수발須髮 : 수염과 머리털.

필수必須 : 반드시 필요함. **반드시 필必**

수유須臾 : 아주 짧은 시간. **잠깐 유臾**

傷
해칠 **상**

① 해치다 ② 다치다 ③ 애태우다

상해傷害 : 남의 몸에 상처를 내어 해를 입힘. **해칠 해害**

상처傷處 : 다친 자리. **자리 처處**

상심傷心 : 마음이 상함

還
돌아갈 **환**

돌아가다, 돌아오다

환갑還甲 : 육십갑자의 첫 번째인 '갑자甲子'가 돌아왔다는 뜻으
로 예순한 살을 일컫는 말. **첫째 갑甲**

是
이것 **시**

여시如是 : 이와 같이.

含
머금을 **함**

함축적含蓄的 : 어떤 내용이나 요소를 깊이 압축하여 담고 있는
것. **쌓을 축蓄**

함량含量 : 한 물질에 다른 성분이 포함되어 있는 분량. **양 량量**

血
피 혈

조족지혈鳥足之血 : 새의 발에서 나오는 피. 극히 적은 분량. 아주 적어서 비교가 안 됨. 물건이 아주 작은 것을 가리킴. **새 조鳥, 발 족足**

噴
뿜을 분

분무기噴霧器 : 물이나 약품 따위를 안개처럼 내뿜는 기구. **안개 무霧, 기구 기器**

汚
더러울 오

오수관汚水管 : 더러운 물(구정물)을 빼기 위해 설치한 관. **대롱 관管**
오염汚染 : 공기나 물 토양 등이 더러워지거나 해로운 물질에 물듦. 순수한 것이 훼손되거나 없어져 버림. **물들 염染**

口
입 구

① 입 ② 말하다 ③ 어귀 ④ 인구 ⑤ 구멍
구강口腔 : 입 안. **속 빌 강腔**
구두口頭 : 직접 입으로 하는 말.
동구洞口 : 동네 어귀. **마을 동洞**
비상구非常口 : 보통이 아닌 때 사용하는 문. 보통 때는 닫아 두다가 돌발 사고가 일어났을 때 사용하는 출입문. **아닐 비非, 보통 상常**
인구人口 : 어떤 지역 안에 사는 사람들의 수효.
출구出口 : 나가는 구멍.
이구동성異口同聲 : 입은 다르지만 하는 말은 같다. 여러 사람의 말이 한결같음. **다를 이異, 을 동同, 소리 성聲**

太公曰 瓜田不納履 李下不整冠
태공왈 과전불납리 이하부정관

〈古樂府고악부〉相和歌辭상화가사 君子行군자행

➦ 태공이 말하기를 "오이밭에서는 신발을 들여 신지 말고, 자두
나무 아래에서는 갓을 바로잡지 말아야 한다."

핵심 한자 풀이

瓜
오이 **과**

과년瓜年 : 혼인하기에 적당한 여자의 나이. **나이 년年**

田
밭 **전**

전원田園 : 도회지에서 떨어진 시골이나 교외. **동산 원園**
전답田畓 : 논과 밭을 아울러 이르는 말. **논 답畓**

納
들일 **납**

① 받아들이다 ② 바치다
출납出納 : 돈이나 물품 등을 내어주거나 받아들임. **날 출出**
납량納凉 : 서늘함을 받아들인다는 의미로, 여름에 통풍이 좋은
곳에서 서늘함을 맛봄을 일컫는 말. **서늘할 량凉**
납세納稅 : 세금을 바침. **세금 세稅**

履
신발 **리**

① 신발 ② 밟다
목리木履 : 나막신.
이력履歷 : 밟아 온 역사. 지금까지의 학업이나 직업 따위에서의

경력. 지낼 력歷

李
자두 이

'자두(오얏)'라는 의미인데 성씨인 '李 아무개'로 많이 쓰인다.
도리桃李 : 복숭아나무와 자두나무. 또는 그 꽃과 열매.

下
아래 하

① 아래 ② 내리다 ③ 물리치다
하략下略 : 아래에 이어지는 말이나 글을 줄임. **간략할 략略**
하야下野 : 시골로 내려간다는 뜻으로, 관직이나 정계에서 물러
남을 이르는 말. **들판 야野**
각하却下 : 원서나 소장 등의 신청을 받지 않고 물리침.

正
바로잡을 정

① 바르다 ② 본 ③ 첫째
정당正當 : 바르고 옳음. **마땅할 당當**
정실正室 : 아내, 본처. **아내 실室**
정월正月 : 일 년 중 첫째 달.

冠
갓 관

① 갓 ② 어른
의관衣冠 : 옷과 갓, 옷차림. **옷 의衣**
관례冠禮 : 남자 나이 20세 때 치르는 성인 의식. **예절 예禮**

해설

남에게 의심받을 행동은 아예 하지 않는 것이 현명하다.

113

景行綠曰 心可逸 形不可不勞 道
경 행 록 왈　심 가 일　형 불 가 불 로　도

可樂 心不可不憂 形不勞則怠惰
가 락　심 불 가 불 우　형 불 로 즉 태 타

易弊 心不憂則荒淫不定 故逸生
이 폐　심 불 우 즉 황 음 부 정　고 일 생

於勞而常休 樂生於憂而無厭 逸
어 로 이 상 휴　낙 생 어 우 이 무 염　일

樂者憂勞豈可忘乎
락 자 우 로 기 가 망 호

● 경행록에 이르기를 '마음이 가히 편안하려면 몸을 수고롭게 하지 않을 수가 없고, 도를 가히 즐기려거든 마음을 근심스럽게 하지 않으면 안 되는 것이니, 몸을 수고롭게 하지 않은즉 게을러서 쉽게 허물어지고, 마음이 근심하지 않은즉 거칠고 음란함에 마음을 정할 수가 없게 된다. 그러므로 편안함은 수고로움에서 생겨야 항상 기쁠 수 있고, 즐거움은 근심에서 생겨야 싫증남이 없게 된다. 편안하고 즐기려는 사람이 근심과 수고로움을 어찌 가히 잊어버리려 하는가?'

逸
편안할 **일**

① 편안하다 ② 뛰어나다 ③ 숨다
안일安逸 : 편안하고 한가로움. **편안할 안安**
일품逸品 : 썩 뛰어나게 좋은 물건이나 작품. **물건 품品**
일화逸話 : 아직 세상에 알려지지 않은 숨겨진 이야기. **이야기 화話**

形
몸 **형**

① 모양 ② 나타나다
형상形象 : 생긴 모양. **모양 상象**
형용形容 : 모양을 나타냄. 사물의 생긴 모양. 사물의 어떠함을
　　　　말이나 글이나 몸짓으로 나타냄. **모양 용容**

勞
수고로울 **로**

① 일하다 ② 지치다 ③ 위로하다

道
도리 **도**

① 길 ② 도리 ③ 재주 ④ 도(행정구역) ⑤ 종교 ⑥ 말하다

樂
즐길 **락**

① 즐기다 **락** ② 풍류 **악** ③ 좋아함 **요**
낙원樂園 : 자유와 행복을 누릴 수 있는 즐겁고 살기 좋은 곳. **동
산 원園**
악곡樂曲 : 음악의 곡조. **노래 곡曲**
요산요수樂山樂水 : 산을 좋아하고 물을 좋아함.

憂
근심할 **우**

우울憂鬱 : 걱정되고 마음이 답답함. **답답할 울鬱**

怠
게으를 **태**

권태倦怠 : 관심이 없어지고 싫증이 나서 생기는 게으름. **게으를
권倦**

惰
게으를 **타**

타성惰性 : 사람의 말이나 행동에 굳어져 있는 좋지 않은 버릇. 오랫동안 새로움을 꾀하지 않아 게으르게 굳어져 있는 습성.

弊
허물어질 **폐**

① 나쁘다 ② 해지다 ③ 폐단

폐해弊害 : 해가 되는 나쁜 일. **해할 해害**

폐추弊帚 : 닳아빠진 비. 분수分數에 넘게 자만심이 강한 사람.
  빗자루 추帚

폐단弊端 : 괴롭고 번거로운 일. **끝 단端**

荒
거칠 **황**

① 거칠다 ② 흉년들다

황무지荒蕪地 : 거칠고 거칠어진 땅. 손을 대지 않고 버려 두어 거칠어진 땅. **거칠어질 무蕪**

구황救荒 : 흉년에서 구제함. 굶주린 사람을 구제함. **구제할 구救**

淫
음란할 **음**

음욕淫慾 : 음란하고 방탕함. 성욕을 좇고 즐김. **욕심 욕慾**

定
정할 **정**

정하여지다

선정選定 : 선택하여 정함. **선택할 선選**

정의定義 : 뜻을 명백히 밝혀 규정함. **뜻 의義**

故
그러므로 **고**

고로故로 : 그러므로

休
기뻐할 **휴**

① 쉬다 ② 편안하다 ③ 기뻐하다

厭
싫어할 **염**

염세厭世 : 세상을 괴롭고 비관적인 것으로 생각하고 싫어함. **세상 세世**

염증厭症 : 싫증.

豈
어찌 **기**

기감豈敢 : 어찌 감히.

忘
잊을 **망**

비망록備忘錄 : 잊었을 때를 대비하여 기록해 두는 책자. **준비할 비備, 기록할 록錄**

耳 不 聞 人 之 非　目 不 視 人 之 短　口
이　불　문　인　지　비　목　불　시　인　지　단　구

不 言 人 之 過　庶 幾 君 子
불　언　인　지　과　서　기　군　자

◉ 귀로 남의 그릇됨을 듣지 말고, 눈으로 남의 허물을 보지 말
며, 입으로 남의 허물을 말하지 않아야 군자에 가까우니라.

핵심 한자 풀이

耳
귀 이

마이동풍馬耳東風 : 말의 귀에 동풍. 남의 비평批評이나 의견意見
을 조금도 귀담아 듣지 아니하고 흘려 버림을 이르는 말.

聞
들을 문

문일지십聞一知十 : 하나를 들으면 열을 미루어 알게 됨. 매우
지혜롭고 총명함을 일컫는 말. **알 知**

非
그릇될 비

① 아니다 ② 어긋나다 ③ 헐뜯다
비범非凡 : 보통이 아니고 뛰어남.
비위非違 : 법에 어긋남. 도리에서 벗어남. **어길 違**
비난非難 : 남의 잘못을 헐뜯고 나무람. **힐난할 難**

視
볼 시

백안시白眼視 : 흰자위로 봄. 업신여기거나 냉대冷待하여 흘겨
봄. 흰 백白, 눈 안眼

短
허물 단

① 짧다 ② 흠, 허물
단축短縮 : 짧게 축소함. **오르라들 축縮**
단점短點 : 흠이 되거나 모자라는 점. **점 점點**

過
허물 과

① 지나치다 ② 잘못하다
과로過勞 : 지나치게 일을 함, 또는 그로 인한 피로나 고달픔. **일
할 로勞**
과실過失 : 허물이나 잘못. **잘못 실失**

庶
가까울 서

① 여러 ② 가깝다 ③ 첩의 아들
서무庶務 : 여러 가지 잡다한 사무. **일 무務**
서기庶幾 : 거의. 가까움. **기미 기幾**
서모庶母 : 아버지의 첩. **어미 모母**

幾
거의 기

① 몇 ② 거의 ③ 낌새
기십幾十 : 몇 십. 십(十)의 몇 배가 되는 수.
기망幾望 : 거의 보름이다. 음력 14일을 일컫는 말. **보름 망望**
기미幾微 : 낌새. **작을 미微**

 Tip

庶幾 **서기** | 어느 한도에 가까움

119

宰予晝寢 子曰 朽木不可雕也 糞
재 여 주 침　자 왈　후 목 불 가 조 야　분

土之墙不可圬也
토 지 장 불 가 오 야

《論語논어》〈八佾팔일〉편 9장

⟹ 재여가 낮잠을 자거늘 공자가 말하기를 "썩은 나무로는 조각
이 불가능하고 썩은 흙으로 만든 담장은 흙손질이 불가능한
것이니라."

핵심 한자 풀이

宰予
재 여
　춘추시대 노나라 사람으로 공자의 제자. 자공子貢과 함께 말
을 잘하였지만 말 잘하는 사람을 싫어하는 공자였기에 야단
도 많이 맞았다. 이 말도 재여宰予를 나무라면서 했던 말이다.

晝
낮 주
주야불식晝夜不息 : 낮이나 밤이나 쉬지 아니함. 매우 열심히 함
을 일컫는 말. **밤 야夜, 쉴 식息**
주경야독晝耕夜讀 : 낮에는 밭 갈고 밤에는 책을 읽는다는 뜻으
로, 바쁜 틈을 타서 어렵게 공부工夫함을 이르는 말. **밭갈 경耕,
밤 야夜, 읽을 독讀**

寢
잠잘 침
침구寢具 : 잠자는 데 쓰이는 물건. **기구 구具**

朽
썩을 **후**

① 썩다 ② 쇠하다
불후不朽 : 썩지 아니함, 언제까지나 전해져서 없어지지 아니함.
노후老朽 : 낡아서 못 쓰게 됨. **늙을 노老**

雕
조각할 **조**

조탁雕琢 : 옥을 갈고 다듬음. 문장 등을 짓고 다듬음. **쪼을 탁琢**
조후雕朽 : 썩은 나무에 새김. 사물이 쓸모없다는 말.

糞
썩을 **분**

① 똥 ② 썩다
분뇨糞尿 : 똥과 오줌. **오줌 뇨尿**
분토지언糞土之言 : 썩은 흙처럼 더러운 말. 쓸모없고 이치에 닿
지 않는 말.

墻
담 **장**

장유이墻有耳 : 담에 귀가 있다는 의미로, 비밀은 누설되기 쉽다
는 말. **귀 이耳**

圬
흙손질할 **오**

정신이 올바르게 확립되지 못하면 그 어떤 일도 제대로 할 수
없다.

紫 虛 元 君 誠 諭 心 文 曰　福 生 於 清
자 허 원 군 성 유 심 문 왈　복 생 어 청

儉　德 生 於 卑 退　道 生 於 安 靜　命 生
검　덕 생 어 비 퇴　도 생 어 안 정　명 생

於 和 暢　憂 生 於 多 慾　禍 生 於 多 貪
어 화 창　우 생 어 다 욕　화 생 어 다 탐

過 生 於 輕 慢　罪 生 於 不 仁　戒 眼 莫
과 생 어 경 만　죄 생 어 불 인　계 안 막

看 他 非　戒 口 莫 談 他 短　戒 心 莫 自
간 타 비　계 구 막 담 타 단　계 심 막 자

貪 嗔　戒 身 莫 隨 惡 伴　無 益 之 言 莫
탐 진　계 신 막 수 악 반　무 익 지 언 막

妄 說　不 干 己 事 莫 妄 爲　尊 君 王 孝
망 설　불 간 기 사 막 망 위　존 군 왕 효

父 母　敬 尊 長 奉 有 德　別 賢 愚 恕 無
부 모　경 존 장 봉 유 덕　별 현 우 서 무

識　物 順 來 而 勿 拒　物 旣 去 而 勿 追
식　물 순 래 이 물 거　물 기 거 이 물 추

身未遇而勿望　事而過而勿思　聰
신미우이물망　사이과이물사　총

明多暗昧　算計失便宜　損人終自
명다암매　산계실편의　손인종자

失　依勢禍相隨　戒之在心　守之在
실　의세화상수　계지재심　수지재

氣　爲不節而亡家　因不廉而失位
기　위불절이망가　인불렴이실위

勸君自警於平生　可歎可驚而可畏
권군자경어평생　가탄가경이가외

上臨之以天鑑　下察之以地祇　明
상림지이천감　하찰지이지기　명

有王法相繼　暗有鬼神相隨　惟正
유왕법상계　암유귀신상수　유정

可守　心不可欺　戒之戒之
가수　심불가기　계지계지

➡ 자허원군의 《성유심문》에 이르기를 '복은 청렴하고 검소한 데서 생기고, 덕은 자기 몸을 낮추고 물러남(양보)에서 생기며, 도는 편안하고 고요한 데서 생기고, 생명은 화창한 데서 생긴다. 근심은 많은 욕심에서 생기고, 재앙도 많은 탐냄(욕심)에서 생기며, 과실은 경솔하고 교만한 데서 생기고, 죄악은 어질지 못

한 데서 생긴다. 눈을 경계하여 다른 사람의 그릇된 것을 보지 말고, 입을 경계하여 다른 사람의 결점을 말하지 말며, 마음을 경계하여 스스로 탐내거나 성내지 말고, 몸을 경계하여 나쁜 벗을 따르지 마라. 유익하지 않은 말은 망령되게 말하지 말고, 자기와 관계없는 일은 망령스럽게(함부로) 하지 마라. 임금을 높이고, 부모에게 효도하며, 어른을 공경하고 존경하고 덕 있는 사람을 받들며, 현명함과 어리석음을 분별하고, 무식한 자를 용서하라. 사물이 순리로 오거든 그러면 막지 말고, 사물이 이미 갔거든 그러면 좇아가지 마라. 몸(자신)이 때를 만나지 못했다면 그리하면 더 이상 바라보지 말고 일이 이미 지나갔다면 그리하면 더 이상 생각하지 마라. 총명한 사람도 어두운 때가 많고 좋은 계획을 세웠어도 편의를 잃는 수가 있다. 다른 사람을 손상케 하면 마침내 자기도 손실을 입을 것이요, 세력에 의존하면 재앙이 서로 따르느니라. 경계하는 것은 마음에 있고 지키는 것은 기운에 있다. 절약하지 않은 것은 집을 망하게 하는 것이고 청렴하지 않음으로 인해 지위를 잃게 되는 것이다. 그대에게 평생을 두고 스스로 경계하기를 권고하나니, 가히 탄식하고 가히 놀라며 그리고 가히 두려워할지니라. 위에서는 하늘의 거울로써 거기에 임하여 있고, 아래에는 땅의 신령으로써 거기를 살피고 있다. 밝은 곳에서는 왕법이 있어 서로 계승하고, 어두운 곳에서는 귀신이 있어 서로 따른다. 오직 바른 것을 가히 지키고 마음을 속여서는 안 되는 것이니 그것을 경계하고 그것을 경계하라.'

핵심 한자 풀이

Tip
紫虛元君 **자허원군** ｜ 도가道家에서 받드는 여자 선인仙人

誡諭心文 '정성껏 마음을 깨우치게 하는 글'이라는 뜻의 도가
성 유 심 문 道家 경전.

淸 맑을 청	청소淸掃 : 맑게 하기 위하여 빗자루로 쓸어낸다. 쓸 소掃 청산淸算 : 맑게(깨끗하게) 계산을 끝낸다. 계산할 산算
儉 검소할 검	근검勤儉 : 부지런하고 검소함. 부지런할 근勤 검소儉素 : 검소하고 소박함. 소박할 소素
卑 낮출 비	등고자비登高自卑 : 높은 곳에 오르기 위해서는 낮은 곳에서부터 시작한다는 뜻으로, 모든 일은 순서대로 하여야 함을 이르는 말. 오를 등登, ~부터 자自
退 물러날 퇴	퇴진退陣 : 관여하던 어떤 일이나 지위, 직책에서 손을 떼고 물러남. 진영 진陣 퇴치退治 : 물리쳐서 다스림. 다스릴 치治
靜 고요할 정	진정鎭靜 : 몹시 소란하던 일을 눌러서 고요하게 함. 누를 진鎭 정적靜寂 : 고요하여 괴괴함. 고요할 적寂 동정動靜 : 일이나 현상이 움직이거나 가만히 있는 낌새. 움직일 동動
和 화목할 화	화해和解 : 화목하고 문제가 해결됨. 풀 해解 완화緩和 : 느슨하게 하고 화목하게 함. 느슨할 완緩
憂 근심 우	우국지사憂國之士 : 나랏일을 근심하는 선비. 선비 사士 해우소解憂所 : 근심을 해결하는 장소. 사찰에 딸린 화장실을 이르는 말. 해결할 해解
慾 욕심 욕	야욕野慾 : 거친 욕심. 자기 분수보다 크게 품은 욕심. 거칠 야野 의욕意慾 : 적극적으로 하고자 하는 욕망. 생각 의意

輕
가벼울 경

경멸輕蔑 : 가볍게 보고 깔보아 업신여김. 업신여길 멸蔑
경시輕視 : 가볍게 봄. 대수롭지 않게 여김. 볼 시視

慢
게으를 만

① 게으르다 ② 거만하다
만성慢性 : 게으른 성질. 병의 증세가 급격히 심해지지도 않으면
　서 쉽사리 낫지도 않고 오래 끄는 성질. 성질 성性
교만驕慢 : 잘난 체하는 태도로 겸손함 없이 건방짐. 버릇없을 교驕

短
허물 단

① 짧다 ② 흉보다
단기短期 : 짧은 기간. 기간 기期
단점短點 : 모자라고 허물이 되는 점. 점 점點

隨
따를 수

수필隨筆 : 붓을 따라서 쓴 글. 자신의 경험이나 느낌 등을 형식
　에 얽매이지 않고 자유롭게 쓴 산문 형식의 글. 붓 필筆
수의적隨意的 : 자신의 뜻에 따름. 자기 뜻대로 하는 것. 뜻 의意

伴
짝 반

반주伴奏 : 노래나 주요 악기의 연주를 보조하거나 부각시키기
　위한 연주. 연주할 주奏
반려伴侶 : 함께 하는 짝이나 친구. 짝 려侶

干
간여할 간

① 방패 ② 막다 ③ 간여하다
간성干城 : 방패와 성이라는 뜻으로, 나라를 지키는 군대나 인
　물. 성 성城
간척지干拓地 : (둑을) 막아서 넓힌 땅. 바다나 호수의 주위에 둑
　을 쌓고 그 안의 물을 빼내어 넓힌 땅. 넓힐 척拓
간섭干涉 : 남의 일에 뛰어들어 관계함. 건널 섭涉

尊
높일 존

존경尊敬 : 높이고 공경함, 우러러 받듦. 공경할 경敬
존중尊重 : 높이어 중요하게 여김. 중요할 중重

別
나눌 **별**

① 나누다 ② 다르다
감별鑑別 : 잘 살펴보고 구별함. 볼 감鑑
별명別名 : 다른 이름. 본명 대신에 지어 부르는 이름. 이름 명名

識
식견 **식**

상식常識 : 보통의 지식. 사람이 가지고 있어야 할 지식이나 판
단력. 보통 상常
양식良識 : 좋은 지식. 도덕적으로 바른 판단력이나 식견. 좋을 양良

順
순할 **순**

① 순하다 ② 좇다
순리順理 : 무리가 없는 순조로운 이치나 도리. 이치 리理
귀순歸順 : 돌아가서 좇음. 반항심을 버리고 체제에 복종하거나
순종함. 돌아갈 귀歸

拒
막을 **거**

거식증拒食症 : 먹는 일을 거부하는 병적 증세. 먹을 식食, 증세 증症
당랑거철螳螂拒轍 : 사마귀가 수레를 막아섰다는 의미로, 자기
분수도 모르고 무모하게 덤빔을 비유적으로 일컫는 말. 사마
귀 당螳, 사마귀 랑螂, 수레 철轍

去
갈 **거**

거취去就 : 사람이 가거나 나아가는 상태. 나아갈 취就
분리수거分離收去 : 쓰레기나 재활용품 등을 나누어 거두어 감.
떨어질 리離, 거둘 수收

追
좇을 **추**

추적追跡 : 달아나는 사람의 자취를 좇음. 자취 적跡
추방追放 : 좋지 않은 것들을 좇아서 몰아냄. 내칠 방放
추궁追窮 : 잘못을 밝히기 위하여 이것저것 끝까지 물어봄. 다할
궁窮

遇
만날 **우**

불우不遇 : 좋은 상황을 만나지 못함. 처지나 형편이 딱하고 어
려움.
예우禮遇 : 예의를 다하여 정중히 대우함. 예절 예禮

Tip 未遇 미우 | 불우한 처지에 놓이는 것

聰
밝을 총

총명聰明 : 밝고 영리하며 재주가 있음. **밝을 명明**

총기聰氣 : 총명한 기운이나 기질. **기운 기氣**

暗
어두울 암

① 어둡다 ② 몰래

암흑暗黑 : 어둡고 캄캄함. **검을 흑黑**

암호暗號 : 비밀 유지를 위해 당사자끼리만 알 수 있도록 꾸민 부호. **부호 호號**

計
셀 계

설계設計 : 계획을 세움. **세울 설設**

생계生計 : 살아갈 방법이나 계획. **살 생生**

가계家計 : 집안 살림을 꾸려 나가는 수단이나 형편. **집 가家**

便
편할 편

간편簡便 : 간단하고 편리함. **간단할 간簡**

편의점便宜店 : 고객의 편의를 위해 하루 종일 영업을 하는 상점. **마땅할 의宜, 가게 점店**

損
덜 손

결손缺損 : 수입보다 지출이 많아서 생기는 금전상의 손실. **이지러질 결缺**

환차손換差損 : 환율의 차이로 생기는 손해. **환율 환換. 차이 차差**

終
마침내 종

임종臨終 : 죽음에 임함. 목숨이 끊어져 죽음에 다다름. **임할 임臨**

시종始終 : 처음부터 끝까지. **처음 시始**

依
의지할 의

의뢰인依賴人 : 남에게 어떠한 일을 의지하고 맡기는 사람. **힘입을 뢰賴**

의법依法 : 법에 근거함. **법 법法**

128 **명심보감으로 배우는 한자**

守
지킬 수

보수保守 : 보호하고 지킴. 재래의 풍습이나 전통을 중히 여겨 유지함. **보호할 보保**

사수死守 : 죽음을 무릅쓰고 지킴. **죽을 사死**

節
절약할 절

① 마디 ② 절개 ③ 절약 ④ 국경일

관절關節 : 인접한 뼈가 움직일 수 있도록 연결되어 있는 부분. **빗장 관關**

정절貞節 : 여자의 곧은 절개. **곧을 정貞**

절전節電 : 전기를 절약함. **전기 전電**

광복절光復節 : 빛을 회복한 경사스러운 날. **빛 광光, 회복할 복復**

因
인할 인

인과因果 : 원인과 결과. **결과 과果**

인과응보因果應報 : 원인과 결과가 응하여 보답한다. 선善을 행하면 선善의 결과가 악惡을 행하면 악惡의 결과가 반드시 뒤따른다. **결과 과果, 응할 응應, 갚을 보報**

廉
청렴할 렴

청렴淸廉 : 맑고 검소하며 재물 탐하는 마음이 없음. **깨끗할 청淸**

파렴치破廉恥 : 청렴하고 부끄러워하는 마음을 깨뜨림. 체면이나 부끄러움을 모르고 뻔뻔함. **깨뜨릴 파破, 부끄러워할 치恥**

勸
권할 권

권장勸奬 : 권하여 장려함. **권면할 장奬**

권유勸諭 : 권하여 깨우쳐 줌. **깨우칠 유諭**

권선징악勸善懲惡 : 착한 일을 권장하고 악한 일을 징계함. **혼낼 징懲**

臨
임할 림

군림君臨 : 임금처럼 임함. 절대적인 능력이나 세력을 가지고 남을 압도함. **임금 군君**

왕림枉臨 : 굽혀서 옴. 남이 자신을 찾아오는 것을 높여 이르는 말. **굽힐 왕枉**

鑑
거울 **감**

감상鑑賞 : 예술 작품이나 경치 등을 보고 평가함. **구경할 상賞**

감별鑑別 : 잘 살펴서 구별함. **구별할 별別**

繼
이을 **계**

계주繼走 : 이어 달리기. **달릴 주走**

계모繼母 : 친어머니를 이은 어머니. **어머니 모母**

安分

安 **안**　分 **분**

安 分 ———————————

즐길 안　분수 분

- 분수를 즐기다.
- 분수를 편안한 마음으로 받아들이고 즐길 수 있어야 한다.
- 어떤 상황에서든 자신의 분수를 알고서 즐길 수 있어야 하고, 분수에 맞지 않는 호화로운 향락을 추구하지 말아야 하며, 실질적인 삶을 영위하는 사람이어야 한다. 분수를 모르면 욕심에 끝이 없고, 끝없는 욕심은 몸을 망치기 때문에 욕심을 경계해야 하는 것이다.

景行綠云 知足可樂 務貪則憂
경 행 록 운　지 족 가 락　무 탐 즉 우

老子노자 《道德經도덕경》 4장

➡ 경행록에 이르기를 '만족함을 알면 가히 즐거울 것이요, 탐욕
에 힘쓰게 된즉 근심이 있느니라.'

핵심 한자 풀이

知
알 **지**

격물치지格物致知 : 격물(사물의 이치를 철저하게 밝혀냄)해야만 앎
에 이를 수 있다. 바로잡을 격格, 사물 물物, 이를 치致, 알 지知

주지周知 : 여러 사람이 두루 널리 앎. 두루 주周

足
만족할 **족**

① 발 ② 넉넉하다(만족하다)

수족手足 : 손과 발. 손이나 발과 같이 마음대로 부리는 사람.

흡족洽足 : 윤택하고 넉넉하여 모자람이 없음. 윤택할 흡洽

可
가히 **가**

① 옳다 ② 허락하다

가결可決 : 회의에서 일정한 안건이나 사항을 심의하여 옳다고
결정함.

인가認可 : 인정하여 허락함.

樂
즐길 **락**

① 풍류 `악` ② 즐거울 `락` ③ 좋아할 `요`

농악農樂 : 농부들이 나팔, 징, 꽹과리, 북 등을 치거나 불면서 하
는 우리 고유의 음악. **농부 農**

낙원樂園 : 즐거운 동산. 안락하게 살 수 있는 즐거운 곳. **동산 園**

지자요수인자요산智者樂水仁者樂山 : 지혜로운 사람은 물을 좋
아하고 어진 사람은 산을 좋아한다.

務
힘쓸 **무**

① 힘쓰다 ② 일

무실역행務實力行 : 실질적인 일에 힘쓰고 온 힘을 다해 행동함.
참되고 실속 있도록 힘쓰고 실행함. **실제 實, 힘쓸 력力, 행동할
행行**

공무公務 : 여러 사람에 관한 사무. 국가 또는 공공단체의 사무.
일할 무務

貪
탐낼 **탐**

식탐食貪 : 먹을 것을 몹시 탐냄. **먹을 식食**

탐관貪官 : 재물을 탐내는 벼슬아치. **벼슬아치 관官**

則
곧 **즉**

① 곧 ② 법칙 `칙`

연즉然則 : 그러면.

규칙規則 : 사람의 행위나 사무 처리의 표준이 되는 지침. **법 규規**

憂
근심 **우**

내우외환內憂外患 : 국내의 걱정스러운 사태와 외국과의 관계에
서 일어나는 근심스러움. **근심 환患**

知足者　貧賤亦樂　不知足者　富貴
지 족 자　　빈 천 역 락　　부 지 족 자　　부 귀

亦憂
역 우

⬇ 만족함을 아는 자는 가난하고 천하게 되어도 역시 즐거울 것
이요, 만족함을 알지 못하는 자는 부유하고 귀하게 되어도 역
시 근심이 있느니라.

핵심 한자 풀이

貧
가난할 빈

① 가난하다 ② 모자라다
빈곤貧困 : 가난하고 군색함.　**부족할 곤困**
빈혈貧血 : 몸속의 혈액이 기준 양보다 모자라는 일.　**피 혈血**
빈부귀천貧富貴賤 : 가난함과 부유함과 귀함과 천함.　**가난할 빈貧,
넉넉할 부富, 귀할 귀貴, 천할 천賤**
부익부빈익빈富益富貧益貧 : 부자는 더 큰 부자가 되고 가난한
사람은 더욱 가난하게 됨.　**부자 부富, 더욱 익益**

賤
천할 천

천속賤俗 : 비천한 풍속.　**풍속 속俗**
천구賤軀 : 천한 몸뚱이. 자기 몸을 겸손하게 이르는 말.　**몸 구軀**
천대賤待 : 업신여기어 푸대접함. 함부로 다룸.　**기다릴 대待**
지천至賤 : 지극히 천함. 주로 '지천으로'의 꼴로 쓰여 아주 흔함

을 일컫는 말. **지극할 지至**

亦
또한 역

역시亦是 : 또한. 이것도

富
넉넉할 부

① 넉넉히 하다 ② 나이 젊다
부강富强 : 나라의 재정이 부유하고 군사력이 강함. **강할 강强**
연부역강年富力强 : 나이가 젊고 힘이 강하다.
부영양화富營養化 : 호수 등에 유기물질에 의한 영양 물질이 많
　아지는 현상. **다스릴 영營, 기를 양養**
부농富農 : 부자 농사꾼. **농부 농農**

貴
귀할 귀

① 귀하다 ② 값 비싸다 ③ 높임말의 접두어
귀중貴重 : 귀하고 중요함. **중요할 중重**
등귀騰貴 : 물건 값이 뛰어올라서 비싸게 됨. **오를 등騰**
귀체貴體 : 귀한 몸. 상대편을 높이어 그의 몸을 이르는 말. **몸 체**
　體
귀천貴賤 : 귀함과 천함. **천할 천賤**

濫想徒傷神 妄動反致禍
남 상 도 상 신　망 동 반 치 화

➊ ➋ ➌ ➎ ➍　➊ ➋ ➌ ➎ ➍

➡ 함부로 하는 생각은 다만 정신을 상하게 할 뿐이고, 망령된 행동은 도리어 재앙에 이르게 할 뿐이다.

핵심 한자 풀이

濫
함부로 할 **람**

① 함부로 하다 ② 넘치다

남발濫發 : 법령이나 지폐나 증서 따위를 일정한 규정이나 범위를 벗어나 함부로 공포하거나 발행함. **보낼 발發**

범람氾濫 : 물이 넘쳐흐름. **넘칠 범氾**

想
생각할 **상**

연상聯想 : 하나의 관념이 다른 관념을 불러일으키는 작용. **잇달 연聯**

상기想起 : 지나간 일이나 생각 따위를 다시 생각하여 냄. **일으킬 기起**

徒
다만 **도**

①무리 ② 걸어 다니다 ③ 헛되다 ④ 맨손

폭도暴徒 : 난폭한 행동을 하여 치안을 어지럽게 하는 무리. **사나울 폭暴**

도보徒步 : 탈것을 타지 않고 걸어서 감. **걸음 보步**

도로徒勞 : 헛된 수고. 헛수고. **일할 로勞**

도수체조徒手體操 : 맨손체조. 손 수手, 몸 체體, 부릴 조操

傷
해칠 **상**

① 해치다 ② 다치다 ③ 근심하다
상해傷害 : 남의 몸에 상처를 내어 해를 입힘. **손해 해害**
상처傷處 : 부상을 입은 자리. **장소 처處**
상심傷心 : 슬픔과 걱정 등으로 마음을 상하게 함. **마음 심心**

妄
망령될 **망**

망상妄想 : 이치에 맞지 않는 허황된 생각을 함. 또는 그런 생각.
　생각 상想
망언妄言 : 이치에 맞지 않고 허황되게 말함. **말 언言**
망발妄發 : 분별없는 말이나 행동을 함. **나타낼 발發**

動
움직일 **동**

복지부동伏地不動 : 땅에 엎드려 움직이지 않는다는 뜻으로, 마
　땅히 해야 할 일을 하지 않고 몸을 사리는 행동을 비유한 말.
　엎드릴 복伏, 땅 지地

反
돌이킬 **반**

① 돌이키다 ② 반대하다 ③ 되풀이하다
반격反擊 : 쳐들어오는 적을 도리어 공격함. **칠 격擊**
반공反共 : 공산주의에 반대함. **공산주의 공共**
반복反復 : 되풀이함. **돌이킬 복復**

致
이를 **치**

① 이루다 ② 다다르다 ③ 주다 ④ 보내다 ⑤ 경치
치부致富 : 재물을 모아 부를 이룸. **풍성할 부富**
치사致死 : 죽음에 다다르게 함. **죽을 사死**
치사致辭 : 경사가 있을 때 주인공에게 주는 칭찬의 글. **말 사辭**
치하致賀 : 축하의 뜻을 줌. 남의 경사에 대해 축하, 칭찬의 뜻을
　표함. **축하할 하賀**
송치送致 : 보내어 그곳에 이르게 함. **보낼 송送**
풍치風致 : 격에 맞는 멋진 경치. **경치 풍風**

禍
재앙 **화**

사화士禍 : 조선시대 관료 및 선비 계층이 정치적 반대파에 의해 공격당해 재앙을 당했던 일. 선비 사士

화종구생禍從口生 : 재앙은 입을 좇아 생긴다는 뜻으로 말을 삼가라는 말. 좇을 종從, 입 구口

知足常足終身不辱　知止常止終身
지 족 상 족 종 신 불 욕　지 지 상 지 종 신

無恥
무 치

老子노자 《道德經도덕경》 44장

➡ 만족함을 알아 항상 만족하면 종신토록(몸을 마칠 때까지) 욕됨
　이 없을 것이고, 그칠 줄을 알아 항상 그칠 수 있게 되면 종신
　토록 부끄러움이 없을 것이니라.

핵심 한자 풀이

常
항상 상

① 항상 ② 보통 ③ 법
상록수常綠樹 : 1년 내내 항상 잎이 푸른 나무. **초록빛 록綠, 나무 수樹**
상식常識 : 보통 사람이 공통으로 가지고 있거나 또는 가지고 있
　어야 할 보통의 지식. **지식 식識**
오상五常 : 사람으로서 마땅히 지켜야 할 다섯 가지 도리. 인仁
　의義 예禮 지智 신信.

終
마칠 종

시종여일始終如一 : 처음부터 끝까지 하나 같이. **처음 시始, 같을
　여如**

身
몸 신

헌신獻身 : 남을 위해서 몸을 바치는. 남을 위해서 자신의 몸과 마음을 바쳐 힘을 다하는. **바칠 헌獻**

辱
욕될 욕

모욕侮辱 : 업신여겨 욕되게 함. **업신여길 모侮**
곤욕困辱 : 참기 힘든 심한 모욕. **괴로울 곤困**
굴욕屈辱 : 남에게 굽힘을 당해 업신여김이나 모욕을 받음. **굽힐 굴屈**

止
그칠 지

① 멈추다 ② 막다
지혈止血 : 피가 나오다가 그침. 나오는 피를 그치게 함. **피 혈血**
금지禁止 : 금하여 못하게 막음. **금할 금禁**

恥
부끄러울 치

후안무치厚顔無恥 : 얼굴이 두꺼워 부끄러움이 없음. **두터울 후厚, 얼굴 안顔, 없을 무無**
파렴치破廉恥 : 염치(청렴함과 부끄러움을 아는 마음)를 깨뜨림. 염치없이 뻔뻔스러움. **깨뜨릴 파破, 청렴할 렴廉**

해설

만족할 줄 안다는 것은 겸손하고 양보한다는 말이다. 그러하기에 남에게 창피당할 까닭이 없다. 적당할 때 욕심부리지 않고 그만둘 줄 안다는 것은 상대방을 위해 배려할 줄 안다는 말이다. 이렇게 하면 언제 어느 상황에서도 부끄러움이 없을 것이다.

安分吟曰　安分身無辱　知機心自
안 분 음 왈　　안 분 신 무 욕　　지 기 심 자

閑　雖居人世上　却是出人間
한　　수 거 인 세 상　　각 시 출 인 간

《論語논어》〈太白태백〉14장

➡ 안분음에 이르기를 '분수에 편안하면(편안한 마음으로 분수를 지키면) 몸에 욕됨이 없을 것이고, 기틀(사물의 미묘한 낌새)을 알면 마음이 스스로 한가할 것이니 비록 인간 세상에 살아도 도리어 이것은 인간 세상에서 벗어난 것이니라.'

핵심 한자 풀이

> 安分吟　송宋나라 때의 시. 자기의 분수에 만족하여 마음 편안히
> 안 분 음　살아가는 생활을 노래한 시.

安
편안할 안
안빈낙도安貧樂道 : 가난하면서도 편안하고 도를 즐김. **가난할 빈 貧, 즐길 락樂**
안식安息 : 편안하게 쉼. 편안한 휴식. **쉴 식息**

分
신분 분
① 나누다 ② 분별하다 ③ 신분
분단分斷 : 동강이 나게 나누어 끊음. **끊을 단斷**
분석分析 : 복잡한 현상을 다양한 각도로 풀어서 논리적으로 해명함. **쪼갤 석析**

141

안분安分 : 편안한 마음으로 자신의 신분을 지킴.

身
몸 신

신병身柄 : 구금 또는 보호의 대상이 되는 당사자의 몸. **자루 병柄**
신변잡기身邊雜記 : 몸 주위에서 일어나는 여러 가지 일을 적은
　수필 형식의 기록. **가장자리 변邊, 섞일 잡雜, 기록할 기記**

辱
욕보일 욕

욕설辱說 : 남을 모욕하거나 저주하는 말. **말 설說**

知
알 지

지각知覺 : 알아서 깨달음. **깨달을 각覺**

機
기틀 기

① 사물의 미묘한 낌새 ② 기계
기미機微 : 사물의 미묘한 기틀. **작을 미微**
기계機械 : 동력으로 운동을 일으켜 그 결과로 유용한 일을 하는
　도구. **기구 계械**

閑
한가할 한

한량閑良 : 항상 한가하고 편안하게 사는 사람. **편안할 량良**
한담閑談 : 한가로운 이야기. 심심풀이로 나누는 이야기. **말 담談**
한직閑職 : 한가롭고 중요하지 아니한 직위나 직무. **임무 직職**
망중한忙中閑 : 바쁜 가운데의 한가한 틈. **바쁠 망忙, 가운데 중中**

雖
비록 수

수연雖然 : 그러하나.

居
살 거

칩거蟄居 : 밖에 나가지 않고 집 안에만 틀어박혀 있음. **숨을 칩蟄**

却
도리어 각

① 물리치다 ② 물러나다
기각棄却 : 이유가 없거나 적법하지 않다고 판단하여 무효를 선
　고함. **버릴 기棄**
각설却說 : 화제를 돌려 말함. 화제를 돌릴 때 쓰는 상투어. **말할
　설說**

是
이 시

① 이것 ② 옳다 ③ 바로잡다

시일是日 : 이날. 날 일日

시인是認 : 옳다고 인정함. 인정할 인認

시비是非 : 옳고 그름을 다투는 말다툼. 그를 비非

시정是正 : 바로잡아 바르게 함. 바를 정正

出
벗어날 출

① 나가다 ② 벗어나다 ③ 나타나다

출필고반필면出必告反必面 : 외출할 때 반드시 부모에게 아뢰고
돌아와서는 반드시 부모 앞에 나아가 얼굴을 보이고 돌아왔
음을 아룀. 알릴 고告, 되돌릴 반反, 얼굴 면面

출중出衆 : 뭇 사람 가운데서 벗어남(뛰어남). 무리 중衆

신출귀몰神出鬼沒 : 귀신처럼 나타났다가 귀신처럼 몸을 숨김.
귀신 신神, 숨길 몰沒

Tip

人間 **인간** ㅣ 인간 세상, 사람 사이

子曰 ④不③在①其②位 ④不③謀①其②政
자 왈 　 부 재 기 위 　 불 모 기 정

● 공자가 말하기를 "그 자리에 있지 아니하면 그 정사를 꾀하지
  마라."

핵심 한자 풀이

不
아닐 부

불광불급不狂不及 : 미치지 않으면 미칠 수 없다. 미처야 미친
다. 최선을 다하지 아니하면 목표에 도달할 수 없다. **미칠(열심
히 하다) 광狂, 미칠(도달하다) 급及**

在
있을 재

① 있다 ② 곳
재야在野 : 초야草野에 있다는 의미로, 벼슬하지 않고 민간에 파
묻혀 있음. **들(거친 곳), 생활하기 힘든 곳 야野**
소재所在 : 있는 곳. **장소 소所**

位
자리 위

관직, 등급 등의 지위
삼위일체三位一體 : 세 가지가 하나의 목적을 위해 하나의 몸이
됨. **몸 체體**
직위職位 : 임무를 수행하기 위하여 부여되는 사회적·행정적
위치. **임무 직職**
고위高位 : 높고 귀한 지위. **높을 고高**

不
말 불

거자불추래자불거去者不追來者不拒 : 가는 사람 좇아가지(붙들지) 말고 오는 사람 막지 마라. **좇을 추追, 막을 거拒**

謀
꾀할 모

모반謀反 : 배반을 (꾀)함. **배반할 반反**

참모參謀 : 꾀하는 일에 참여하는 사람. 주도자의 측근에서 활동하는 지모가 뛰어난 사람. **간여할 참參**

권모술수權謀術數 : 권력의 힘으로 일을 꾀하면서 남을 교묘하게 속이는 술책(꾀). **권세 권權, 꾀 술術, 계산할 수數**

政
정사 정

정견政見 : 정치상의 의견. **생각 견見**

가정맹어호苛政猛於虎 : 가혹한 정치는 호랑이보다 무섭다. **가혹할 가苛, 사나울 맹猛, 어조사(비교) 어於, 호랑이 호虎**

▶ 해설

그 지위에 있지 아니하면, 즉 자기가 상관할 바가 아닌 일이라면 그 일에 대해 왈가왈부하며 나서지 말아야 한다.

存心

존 심

存 心 ─────

있을 존 양심 심

- 양심을 계속 있게 한다.
- 양심이 계속 자기 안에 있도록 해야만 한다.
- 양심이 있어야 인간다운 인간이라 할 수 있고 자신이 하고자 하는 일을 잘할 수 있게 된다. 양심, 용서, 겸손, 은혜와 보답, 지혜로운 행동, 충효, 안빈낙도 등을 중요하게 생각하여야 한다.

景行錄云　坐密室如通衢　馭寸心
경 행 록 운　좌 밀 실 여 통 구　어 촌 심

如六馬　可免過
여 육 마　가 면 과

《孔子家語공자가어》〈在厄재액〉편 20장

➡ 경행록에 이르기를 '비밀한 집에 앉아 있더라도 사방으로 통하는 길거리에 있는 것과 같이 하고, 작은 마음 다스리기를 여섯 마리의 말을 다스리는 것처럼 하면 가히 허물에서 벗어날 수 있느니라.'

핵심 한자 풀이

坐
앉을 좌

좌정관천坐井觀天 : 우물 속에 앉아 하늘을 본다. 견문이 썩 좁음을 이르는 말. 우물 정井, 볼 관觀, 하늘 천天

密
비밀 밀

① 비밀 ② 빽빽하다 ③ 가까움
밀고密告 : 비밀스럽게(몰래) 일러바침. 알릴 고告
조밀稠密 : 가득 차서 빽빽함. 빽빽할 조稠
친밀親密 : 친근하여(사이가 가까워) 버성기지 아니함. 친할 친親

室
집 실

① 방 ② 아내
실내室內 : 방 안. 안 내內
정실正室 : 본마누라. 본래 정正

如
같을 여

여전如前 : 전과 같음. **이전 전前**

여반장如反掌 : 손바닥을 뒤집는 것과 같음. 일이 매우 쉬움. **뒤집을 반反, 손바닥 장掌**

백문불여일견百聞不如一見 : 백 번 듣는 것은 한 번 보는 것만 같지 못함. **들을 문聞, 같을 여如, 볼 견見**

通
통할 통

통화通話 : 말을 통함. 전화로 말을 주고받음. **말할 화話**

통과通過 : 서류나 안건 따위가 검열이나 심의에 승인됨. **지날 과過**

衢
거리 구

강구연월康衢煙月 : 편안한 거리에 저녁밥 짓는 연기가 달을 향해 피어오르다. 태평한 시대의 평화로움. **편안할 강康, 연기 연煙**

馭
다스릴 어

어거馭車 : 소나 말을 부리어 모는 일. **수레 거車**

어풍지객馭風之客 : 바람을 일으켜 타고 다니는 사람. 신선神仙을 달리 이르는 말. **바람 풍風, 손님 객客**

寸
마디 촌

길이의 단위, 1촌 = 3.03cm. 일반적으로 '작음'을 비유하여 쓰임

일촌광음불가경一寸光陰不可輕 : 아주 작은 광음(시간)일지라도 가볍게 여겨서는 안 된다. **빛 광光, 그늘 음陰, 불가不可=안 된다, 가벼울 경輕**

馬
말 마

죽마고우竹馬故友 : 대나무로 만든 말을 타고 함께 놀았던 친구. 어렸을 때부터 같이 놀던 친구. **대나무 죽竹, 옛 고故, 벗 우友**

可
가히 ~할 수
있을 가

가시적可視的 : 눈으로 보는 것이 가능함. **볼 시視**

불가분不可分 : 나누는 일이 가능하지 못함. **나눌 분分**

免
벗어날 **면**

① 벗다 ② 허가하다
면세免稅 : 세금에서 벗어남. **세금 세稅**
면허免許 : 허가하다. 특정 행위나 영업을 할 수 있도록 허가하
　　는 일. **받아들일 허許**

過
지나갈 **과**

① 지나다 ② 잘못 ③ 지나치다
과도過渡 : 물을 지나감. 한 현상에서 다른 현상으로 넘어가는
　　중도의 상태.
과실過失 : 잘못. 허물. **잘못 실失**
과로過勞 : 지나치게 일을 하여 고달픔. **일할 로勞**
과실상계過失相計 : 과실(잘못)을 서로 계산함. 손해를 입은 사
　　람에게도 과실이 있을 경우 손해 배상의 정도와 범위를 줄이
　　는 일. **계산할 계計**

해설

아무도 보지 않는 방에 앉아 있더라도 네거리에 있는 것처럼
행동을 삼가고, 조그마한 마음을 다스릴 때에도 여섯 마리의
말을 다루는 것처럼 항상 신중해야 한다. 《중용·中庸》에도 비
슷한 말이 있다. "숨는 것보다 더 잘 드러나는 것은 없으며 미
세한 것보다 더 잘 나타나는 것도 없다. 그러므로 군자는 홀로
있을 때에 더욱 삼가야 하는 것이다."

擊壤詩云　富貴如將智力求　仲尼
격 양 시 운　부 귀 여 장 지 력 구　중 니

年少合封侯　世人不解靑天意　空
연 소 합 봉 후　세 인 불 해 청 천 의　공

使身心半夜愁
사 신 심 반 야 수

《宋名臣言行錄송명신언행록 後集후집》 '苑純仁條원순인조'

➡ 격양시에 이르기를 '부귀를 만약 장차 지혜의 힘으로 구할 수
있는 것이라면 중니(공자)는 나이가 어렸을 때 나라를 합하여
제후로 봉해졌어야 했다. 세상 사람들이 푸른 하늘의 뜻을 깨닫
지 못하여 쓸데없이 몸과 마음으로 하여금 한밤중까지 근심하
도록 하고 있다.'

핵심 한자 풀이

擊壤詩
격 양 시

송나라 때 소강절이 엮은 총 20권짜리 시집. 요나라 때
늙은 농부가 태평스러움을 즐거워하여 땅바닥을 치면서
부른 노래 '격양가擊壤歌'에서 이름을 따왔다고 한다.

富
넉넉할 부

부익부빈익빈富益富貧益貧 : 부자일수록 더 큰 부자가 되고 가
난할수록 더 가난하게 됨. 더할 익益, 가난할 빈貧

貴
귀할 **귀**

① 귀하다 ② 값비싸다

귀천貴賤 : 귀함과 천함. **천할 천賤**

등귀騰貴 : 물건 값이 뛰어올라 비싸게 됨. **오를 등騰**

如
만일 **여**

① 같다 ② 만일(문장에서 많이 쓰임)

여반장如反掌 : 손바닥을 뒤집는 것과 같다는 의미로, 일이 아주
　쉬움을 일컫는 말. **뒤집을 반反, 손바닥 장掌**

여의주如意珠 : 자신의 뜻과 같이 할 수 있도록 만들어 주는 신
　비한 구슬. **뜻 의意, 구슬 주珠**

왕여지차즉무망민지다어린국야王如知此則無望民之多於隣國也 :
　왕이 만약 이것을 안다면 백성이 이웃 나라보다 많을 것을 바
　라지 마십시오. **이 차此, 바랄 망望, 주격조사 지之, 이웃 린隣**

將
장차 **장**

① 장수 ② 장차 ③ 나아가다

용장勇將 : 용감한 장수. **용맹할 용勇**

장래將來 : 장차 옴. 장차 다가올 앞날. **올 래來**

일취월장日就月將 : 날마다 나아가고 달마다 발전하여 나아감.
　나아갈 취就

智
슬기 **지**

중지衆智 : 여러 사람의 지혜. **무리 중衆**

지략智略 : 지혜와 계략. 분석, 평가, 해결을 잘하는 슬기로움.
　다스릴 략略

力
힘 **력**

① 힘 ② 힘쓰다

매력魅力 : 사람의 마음을 끌어당기는 묘한 힘. **홀릴 매魅**

설득력說得力 : 상대편이 이쪽 편의 뜻을 따르도록 깨우치는 힘.
　말 설說, 얻을 득得

역설力說 : 힘써서 주장함. **말할 설說**

仲尼
중 니
공자의 자字. 공자의 '자子'는 존칭이다. 공자의 본명은 '구丘',
공구이다.

年
나이 **년**

유년幼年 : 어린 나이. 어린 아이. **어릴 유幼**

갱년기更年期 : 삶이 고쳐지는 나이의 시기. 장년기에서 노년기로 접어드는 시기. **고칠 경更, 시기 기期**

少
젊을 **소**

① 젊다 ② 적다

소년이로학난성少年易老學難成 : 젊은 사람은 늙기가 쉽고 학문은 완성하기가 어렵다. **쉬울 이易, 늙을 로老, 학문 학學, 어려울 난難, 이룰 성成**

다소간多少間 : 많고 적음의 정도. 얼마쯤. **많을 다多, 사이 간間**

合
합할 **합**

합의合意 : 서로의 의견이 일치함. **뜻 의意**

합리적合理的 : 이치나 논리에 합당함. **이치 리理**

封
봉할 **봉**

개봉開封 : 봉한 것을 떼어서 엶. **열 개開**

봉건封建 : 제후를 봉하여 나라를 세우게 함. **세울 건建**

侯
제후 **후**

제후諸侯 : 봉건 시대에 영토를 가지고 그 영내의 백성을 다스리던 사람. **여러 제諸**

후왕侯王 : 제후와 같은 임금. **임금 왕王**

解
깨달을 **해**

① 풀다 ② 가르다 ③ 흩어지다 ④ 깨닫다

해방解放 : 몸과 마음의 속박이나 제한 따위를 풀어서 자유롭게 함. **놓을 방放**

해부解剖 : 생물체의 일부 또는 전부를 절개하여 내부를 조사하는 일. **쪼갤 부剖**

해산解散 : 모인 사람이 흩어짐. **흩어질 산散**

해득解得 : 깨우쳐 알아서 얻게 됨. 얻을 득得

空
헛될 공
① 비다 ② 하늘 ③ 헛되다
공간空間 : 비어 있는 곳. 하늘과 땅 사이. 사이 간間
공군空軍 : 공중에서의 공격과 방어를 맡은 군대. 군대 군軍
공상空想 : 이루어질 수 없는 헛된 생각. 생각 상想
공수래공수거空手來空手去 : 빈손으로 왔다가 빈손으로 감. 손
수手, 올 래來, 갈 거去

使
하여금 사
① 하여금 ~하게 하다 ② 시키다 ③ 사신
자로사문인위신子路使門人爲臣: 자로가 문인으로 하여금 신하
가 되게 하다.
사역使役 : 부리어 일을 시킴. 부릴 역役
천사天使 : 하늘의 사신

Tip
半夜 반야 ㅣ 한밤중(하룻밤의 절반)
반도半島 : 반절이 섬인 지역. 삼면이 바다로 둘러싸인 육지.
반생半生 : 한평생의 절반. 삶 생生

愁
근심 수
우수憂愁 : 마음이나 분위기가 시름에 싸인 상태. 근심 우憂
수심愁心 : 걱정거리가 있는 마음. 마음 심心

해설
부귀를 지혜로만 구한다면 공자 같은 사람은 젊었을 때 천하
를 통일해서 왕이 되었어야 했다. 부귀는 지혜로 구할 수 있는
것이 아님을 알아야 하고 지혜로 부귀를 구하려는 생각을 버
려야 하는 것이다.

范忠宣公　戒子弟曰　人雖至愚責
범 충 선 공　계 자 제 왈　인 수 지 우 책

人則明　雖有總明恕己則昏　爾曹
인 즉 명　수 유 총 명 서 기 즉 혼　이 조

但當以責人之心責己　恕己之心恕
단 당 이 책 인 지 심 책 기　서 기 지 심 서

人則　不患不到聖賢地位也
인 즉　불 환 부 도 성 현 지 위 야

➡ 범충선공이 자제에게 경계하여 말하기를 "사람이 비록 지극히 어리석을지라도 다른 사람을 책망하는 데는 밝고, 비록 총명함이 있을지라도 자기를 용서하는 데는 어둡다. 너희들은 다만 다른 사람을 책망하는 마음으로 자기를 책망하고 자기를 용서하는 마음으로 다른 사람을 용서한즉 성현의 지위에 도달하지 못할 것을 근심할 것이 없느니라."

핵심 한자 풀이

范忠宣公
범 충 선 공
북송 때의 재상 범순인范純仁(1027~1101). 왕안석의 변법이 백성들을 못살게 하는 법이라며 여러 차례 반대 의견을 내었다. "내가 평생 배운 것이라고는 충성과 효성 두 글자뿐이니 일생 동안 쓰더라도 다함이 없을 것"이라고 했다.

戒
경계할 **계**

징계懲戒 : 잘못을 나무라고 벌을 내리거나 제재制裁를 가함. **혼낼 징懲**

至
지극할 **지**

① 지극하다 ② 이르다

지존至尊 : 지극하게(더할 수 없이) 존귀함. **존귀할 존尊**

동지冬至 : 겨울이 이르렀다는 뜻으로, 12월 22일경을 일컬음. **겨울 동冬**

지상명령至上命令 : 지극히 위에 있는(가장 중요한) 명령. **위 상上, 목숨 명命, 하여금 령令**

愚
어리석을 **우**

우문우답愚問愚答 : 어리석은 질문質問에 어리석은 대답對答. '우문'은 자기의 질문을 겸손하게 이르는 말로도 쓰임. **물을 문問, 답할 답答**

責
꾸짖을 **책**

① 꾸짖다 ② 권하다

책망責望 : 허물을 꾸짖음. **원망할 망望**

책선責善 : 착한 일을 하도록 권함. **착할 선善**

聰
밝을 **총**

성총聖聰 : 임금의 총명. **뛰어난 사람 성聖**

총명예지聰明叡智 : 세상일에 밝고 지혜가 있음. **밝을 명明, 밝을 예叡, 지혜 지智**

恕
용서할 **서**

① 용서하다 ② 동정하다

용서容恕 : 잘못이나 죄를 꾸짖거나 벌하지 않고 끝냄. **담을 용容**

충서忠恕 : 충실하고 동정심이 많음. **충실할 충忠**

昏
어두울 **혼**

① 어둡다 ② 어지럽다

황혼黃昏 : 해가 지는 누렇고 어두워지는 때. 쇠퇴하고 종말에 이른 때. **누를 황黃**

혼수昏睡 : 정신없이 잠이 듦. 의식을 잃음. **잠잘 수睡**

爾
너 **이**

2인칭 대명사

曹
무리 **조**

법조法曹 : 법률에 관계된 일에 종사하는 사람. **법 법法**
형조刑曹 : 고려와 조선 시대에 법률이나 형벌 등의 일을 맡아보던 관청. **형벌 형刑**

但
다만 **단**

단서但書 : 본문의 다음에 그에 대한 어떤 조건이나 예외를 덧붙여 쓴 글. **글 서書**

當
마땅할 **당**

① 마땅하다 ② 당하다
당연當然 : 도리상 그렇게 되어야 할 일. **그럴 연然**
일당백一當百 : 한 사람이 백 사람을 당한다는 뜻으로, 매우 용맹함을 비유하여 이르는 말.

해설

어리석은 사람도 다른 사람의 잘못을 분석하는 데에는 능하고, 현명한 사람도 자기의 잘못을 알기는 쉽지 않다. 그러므로 다른 사람의 잘못을 꾸짖는 마음으로 자신을 살피고, 자신의 잘못을 용서하는 마음으로 다른 사람의 잘못을 용서하여야 하는 것이다.

子曰 聰明叡智守之以愚 功被天
자 왈　총 명 예 지 수 지 이 우　공 피 천

下守之以讓 勇力振世守之以怯
하 수 지 이 양　용 력 진 세 수 지 이 겁

富有四海守之以謙
부 유 사 해 수 지 이 겸

《孔子家語공자가어》二卷2권

⊙ 공자가 말하기를 "총명하고 슬기로움이 있다고 하더라도 어리
석음(우직함)으로써 그것을 지켜야 하고, 공功이 천하를 덮을
만하더라도 겸양으로써 그것을 지켜야 하며, 용기와 힘이 세
상에 떨칠지라도 겁내는 마음으로써 그것을 지켜야 한다. 또,
부유함이 사해(온 바다=세상)에 있다 하더라도 겸손함으로 그
것을 지켜야 하느니라."

핵심 한자 풀이

聰
총명할 총

총기聰氣 : 총명한 기질. 좋은 기억력. 기운 기氣
총명聰明 : 슬기롭고 도리에 밝음. 밝을 명明

叡
슬기로울 예

예지叡智 : 밝고 지혜로운 생각. 지혜 지智

守 지킬 **수**

보수保守 : 지키고 또 지킴. 새로운 것을 반대하고 전통을 중히 생각하여 유지하려 함. **지킬 보保**

고수固守 : 어떤 입장을 단단하게 지킴. **단단할 고固**

之 그것 **지**

일필휘지一筆揮之 : 한숨에 글씨나 그림을 줄기차게 쓰거나 그림. **휘두를 휘揮**

愚 어리석을 **우**

우공이산愚公移山 : 어리석은 사람이 산을 옮긴다는 의미로, 남이 보기에는 어리석은 일로 보일지라도 끝까지 밀고 나가면 언젠가는 목적을 달성할 수 있다는 말. **상대를 높이는 접미사 공公, 옮길 이移, 산 산山**

우롱愚弄 : 사람을 바보로 여겨 비웃고 놀림. **희롱할 롱弄**

만우절萬愚節 : 모든 사람을 어리석게 만드는 날. 가벼운 거짓말로 남을 속이는 장난을 하면서 즐기는 날. **모두 만萬, 경사스러운 날 절節**

우문愚問 : 어리석은 질문. **물을 문問**

功 공 **공**

공과功過 : 공로와 과오. **잘못 과過**

공명심功名心 : 공을 세워 이름을 떨치려는 마음. **이름 명名**

被 덮을 **피**

① 입다 ② 당하다

피해被害 : 손해를 입음. **손해 해害**

피선거권被選擧權 : 선거를 당할 권리. **권리 권權**

讓 겸손할 **양**

① 사양하다 ② 넘겨주다

사양辭讓 : 자기에게 이로운 일을 겸손히 사절하거나 남에게 양보함. **사양할 사辭**

양도讓渡 : 권리나 이익 따위를 남에게 넘겨줌. **건널 도渡**

振
떨친 **진**

① 떨치다 ② 진동하다 ③ 구원하다

진흥振興 : 떨치어 일으킴. **일으킬 흥興**

진동振動 : 흔들리어 움직임. 냄새가 강하게 풍김. **움직일 동動**

진휼賑恤 : 흉년에 곤궁한 사람을 도와줌. **동정할 휼恤**

怯
겁낼 **겁**

비겁卑怯 : 인격이 낮고 겁이 많음. 매사에 정당하지 못하고 야비함. **낮을 비卑**

謙
겸손할 **겸**

겸양謙讓 : 내세우거나 자랑하지 않는 태도로 남에게 양보함. **양보할 양讓**

겸허謙虛 : 잘난 체하지 않고 자기를 낮추고 내세우지 않음. **빌 허虛**

겸양어謙讓語 : 자기를 낮춤으로써 상대방에 대한 높임을 나타내는 말. **말 어語**

素書云　薄施厚望者不報　貴而忘
소 서 운　박 시 후 망 자 불 보　귀 이 망

賤者不久
천 자 불 구

《素書소서》〈遵義章준의장〉 第五제5

⟶ 소서에 이르기를 '적게 베풀고 많이 바라는 자에게는 보답이
없고, 귀하게 되고 나서 미천했던 때를 잊어버리는 자는 오래
가지 못하느니라.'

핵심 한자 풀이

素書　송대의 학자 장상영張商英이 황석공黃石公에 가탁假託하여 지
소서　은 책. 내용은 주로 도가적道家的인 것으로 유柔로써 강剛을
제압하고, 물러남으로써 나아간다는 이치를 강조하였다.

薄
엷을 박

① 엷다 ② 적다 ③ 메마르다 ④ 다가오다 ⑤ 가볍다
박빙薄氷 : 매우 엷은 얼음. 살얼음. 아주 작은 차이.　얼음 빙氷
박복薄福 : 복이 거의 없음.　복 복福
박토薄土 : 매우 메마른 땅.　흙 토土
육박肉薄 : 몸으로서 돌격함.　몸 육肉
경박輕薄 : 언행이 경솔하고 천박함.　가벼울 경輕

施
베풀 시

시설施設 : 도구, 장치 따위를 베풀어 차리거나 설치한 구조물.
　세울 설設

시상施賞 : 상을 줌. **상 상賞**

厚
두터울 **후**

① 두텁다 ② 짙다

후대厚待 : 두텁게 대접함. **접대할 대待**

농후濃厚 : 빛깔이 매우 짙음. 액체가 묽지 않고 진함. 가능성이
　다분히 있음. **짙을 농濃**

望
바랄 **망**

유망주有望株 : 발전될 가망이 있는 사람. **있을 유有, 그루 주株**

報
갚을 **보**

① 갚다 ② 보답하다 ③ 알리다

보복報復 : 앙갚음. **돌려보낼 복復**

결초보은結草報恩 : 풀을 맺어 은혜에 보답함. 죽어서까지 은혜
　를 잊지 않고 갚음. **맺을 결結, 풀 초草, 은혜 은恩**

보도報道 : 나라 안팎에서 생긴 일을 전하여 알려 줌. **말할 도道**

忘
잊을 **망**

망년회忘年會 : 지난해의 괴로움을 모두 잊자는 모임으로 연말
　에 베풀어지는 잔치. **해 년年, 모임 회會**

망년지교忘年之交 : 나이 차이를 잊고 허물없이 사귀는 친구. 사
　귈 교交

賤
천할 **천**

빈천지교불가망貧賤之交不可忘 : 가난하고 어려운 때 사귄 친구
　는 잊어서는 안 된다. **가난할 빈貧**

久
오랠 **구**

지구력持久力 : 지탱하여 오래 끌 수 있는 힘. **지킬 지持**

내구성耐久性 : 오래 견디는 성질. **견딜 내耐**

施恩勿求報 與人勿追悔
시 은 물 구 보　여 인 물 추 회

⊙ 은혜를 베풀었거든 보답을 구하지 말고, 다른 사람에게 주었 거든 후회를 좇지 마라.

핵심 한자 풀이

施
베풀 시

施工시공 : 공사를 베풂(시행함). **공사 공工**
施賞시상 : 상을 베풂. 상을 줌. **상줄 상賞**

恩
은혜 은

사은품謝恩品 : 은혜에 감사하는 마음으로 드리는 물품. **감사할 시謝, 물건 품品**
은혜恩惠 : 사랑으로 베풀어 주는 신세나 혜택. **은혜 혜惠**
은총恩寵 : 신神이나 초자연적 존재의 인류에 대한 사랑. **사랑 총寵**

勿
말 물

금지사로 '∼하지 마라'의 뜻
과즉물탄개過則勿憚改 : 허물이 있은즉 고치는 것을 꺼리지 마라. **허물 과過, 꺼릴 탄憚, 고칠 개改**

求
구할 구

추구追求 : 목적한 바를 이루고자 끈기 있게 좇아 구함. **따를 추追**
청구서請求書 : 돈이나 세금, 요금 등을 요구하는 문서. **청할 청請, 문서 서書**

163

구심성求心性 : 중심을 구하는 성질. 중심을 향하여 쏠리는 성질. 중심 심心

구애求愛 : 이성異性에게 사랑을 구함. 사랑 애愛

與
줄 여

① 주다 ② 함께하다 ③ 더불어

여신與信 : 믿고서 주다. 금융기관에서 고객에게 돈을 빌려 주는 일. 믿을 신信

여당與黨 : 정부와 더불어 일하는 정당. 정부의 편을 들어 그 정책을 지지하는 정당. 무리 당黨

여민동락與民同樂 : 백성과 더불어 함께 즐김. 함께 동同, 즐길 락樂

追
좇을 추

① 좇다 ② 쫓아내다

추억追憶 : 지난 일을 돌이켜 기억을 뒤따라감. 생각할 억憶

추방追放 : 쫓아냄. 몰아냄. 놓을 방放

悔
뉘우칠 회

참회懺悔 : 깊이 잘못을 뉘우침. 뉘우칠 참懺

후회막급後悔莫及 : 후회後悔가 미치는 곳이 없음(끝없음). 아무리 후회해도 어찌할 수가 없음. 일이 잘못된 뒤에 아무리 뉘우쳐도 어찌할 수 없음. 없을 막莫, 미칠 급及

孫思邈曰 膽欲大而心欲小 知欲
손 사 막 왈　담 욕 대 이 심 욕 소　지 욕

圓而行欲方
원 이 행 욕 방

《唐書당서》〈隱逸列傳은일열전〉

➡ 손사막이 말하기를 "담력은 큰 것을 욕심내되 그러나 마음은 작은 것까지 헤아리려는 욕심을 가져야 한다. 앎은 원만한 것을 욕심내 되 그러나 행동은 방정(네모반듯하고 바름)함을 욕심내야 한다."

핵심 한자 풀이

> 孫思邈
> 손 사 막
> 중국 당나라 때의 명의名醫이면서 제자백가 학설에 통달하였다. 태백산에 살면서 수나라 문제와 당나라 고종이 벼슬을 주어도 받지 않았고, 양생법을 익혀 100여 세까지 살았다고 한다.

膽
담력 담

① 담력 ② 쓸개
담력膽力 : 사물을 두려워하지 않는 기력.
간담肝膽 : 간과 쓸개. 속마음.　간 간肝

欲
하고자 할 욕

욕속부달欲速不達 : 너무 빨리 하려고 욕심내면 도리어 일을 달성할 수 없음.　빠를 속速, 도달할 달達
욕구欲求 : 바라고 구함. 욕심껏 구함.　구할 구求

心
마음 **심**

① 마음 ② 염통 ③ 가운데

심경心境 : 마음의 상태. **형편 경境**

심장心臟 : 염통. '마음' '중심' '핵심'을 비유하는 말. **내장 장臟**

도심都心 : 도시의 중심부. **도시 도都**

圓
원만할 **원**

① 둥글다 ② 둘레 ③ 온전하다

원탁圓卓 : 둥근 탁자. **탁자 탁卓**

일원一圓 : 하나의 둘레. 어느 지역의 전부.

원숙圓熟 : 무르익음. 충분히 손에 익어 숙련됨. **익을 숙熟**

行
행동 **행**

① 가다 ② 행하다

여행旅行 : 나그네가 되어 유람을 목적으로 돌아다님. **나그네 여旅**

비행기飛行機 : 날아서 가는 기계. **날 비飛, 기계 기機**

시행施行 : 어떤 제도나 법령의 효력을 현실적으로 행하는 일.
　　 행할 시施

행정부行政府 : 나라를 다스리는 일을 행하는 기관. **다스릴 정政**

方
방정할 **방**

① 방정함 ② 네모 ③ 방위 ④ 방법

방정方正 : 네모반듯하고 바름. **바를 정正**

방촌方寸 : 사방 한 치의 넓이. 얼마 안 되는 크기. **마디 촌寸**

방위方位 : 동서남북을 기준으로 하여 정한 방향. **자리 위位**

방안方案 : 일을 처리할 방법이나 방도에 관한 안. **생각 안案**

① ② ⑦ ⑥ ④ ③ ⑤　① ② ③ ⑦ ⑤ ④ ⑥
念念要如臨戰日　心心常似過橋時
염 염 요 여 림 전 일　심 심 상 사 과 교 시

➡ 생각하고 생각함은 전쟁에 임하는 날과 같이 하는 것이 필요
하고, 마음 쓰고 마음 씀은 항상 다리를 건너는 때와 같도록
해야 한다.

핵심 한자 풀이

念
생각 념

① 생각하다 ② 읊다

염려念慮 : 생각하고 또 생각함. 마음을 놓지 못함. 걱정하는 마음. **생각할 려慮**

염불念佛 : 부처를 생각함. 부처의 공덕을 생각하면서 나무아미타불을 읊는 일. **부처 불佛**

要
필요할 요

① 필요하다 ② 요긴하다 ③ 구하다

요주의要注意 : 주의를 필요로 함. **주의할 주注, 뜻 의意**

요긴要緊 : 꼭 필요함. **굵게 얽을 긴緊**

요구要求 : 구함. 달라고 함. **구할 구求**

如
같을 여

① 같다 ② 만약

여리박빙如履薄氷 : 엷은 얼음을 밟는 것 같다. 몹시 위험危險함을 가리키는 말. **밟을 리履, 엷을 박薄, 얼음 빙氷**

여혹如或 : 만일. 혹시. **혹시 혹或**

臨
다다를 **림**

① 다다름 ② 다스리다
임종臨終 : 마지막(죽을 때)에 다다름. **마지막 終終**
군림君臨 : 임금으로서 그 나라를 거느리어 다스림. 가장 높은
　권위의 자리에 섬. **임금 군君**

戰
전쟁 **전**

냉전冷戰 : 무력을 사용하지 않고 경제나 외교 등을 수단으로 하
　는 국제적 대립. **차가울 냉冷**

常
항상 **상**

① 항상 ② 떳떳하다 ③ 보통
상록수常綠樹 : 항상(4계절) 내내 잎이 푸른 나무. **초록빛 록綠, 나**
　무 수樹
상리常理 : 떳떳한 도리. **도리 리理**
상식常識 : 보통 사람이 지니거나 또는 지켜야 할 지식. **지식 식識**
인지상정人之常情 : 인간이라면 누구나 갖는 보통의 감정. **사람**
　인人, ~의 지之, 감정 정情

似
같을 **사**

① 같다 ② 흉내 내다
사이비似而非 : 겉으로는 진짜와 같으나 그러나 본질은 아님. **그**
　러나 이而, 아닐 비非
유사類似 : 흉내 내어 비슷함. **비슷할 류類**

過
지날 **과**

① 지나다 ② 지나치다 ③ 허물
과정過程 : 일이 되어 가는 경로. **일 정程**
과로過勞 : 몸이 고달플 정도로 지나치게 일함. **일할 로勞**
과실過失 : 잘못이나 허물. **잘못 실失**

橋
다리 **교**

잠수교潛水橋 : 비가 많이 오면 잠기는 다리. **잠길 잠潛**

時
때 **시**

금시초문今時初聞 : 지금 시점에야 처음으로 들음. **지금 금今, 처**
　음 초初, 들을 문聞

朱文公曰 守口如瓶 防意如城
주 문 공 왈　수 구 여 병　방 의 여 성

《增廣賢文증광현문》

○ 주문공이 말하기를 "입을 지키는 것은 병과 같이 하고, 뜻을 막는 것은 성곽과 같이 하라."

핵심 한자 풀이

朱文公
주 문 공

남송南宋 때의 유학자인 주자朱子. 이름은 희熹이고, '문文'은 그의 학덕學德을 기려 송나라에서 내린 시호諡號. 유교의 경전인 사서四書에 대한 역대 여러 학자들의 주석을 모으고 자기의 설명을 덧붙여서 《사서집주四書集註》를 편찬하였고, 《시집전詩集傳》에도 전통적인 해석에 자신의 해석을 덧붙여 사람들의 눈을 트이게 하였으며, 《근사록近思錄》과 《소학小學》도 엮었다. 그가 집대성한 성리학性理學이 훗날 '주자학'으로 불리게 되었다.

守
지킬 수

수주대토守株待兎 : 그루터기를 지키고 토끼를 기다린다는 의미로, 변통성 없이 구습에만 젖어 시대의 변천을 모르는 사람을 비유하는 말. **그루터기 주株, 기다릴 대待, 토끼 토兎**
수호守護 : 지키어 보호함. **보호할 호護**

口
입 구

① 입 ② 말하다 ③ 어귀
구개음口蓋音 : 입 덮개에서 나는 소리. ㅈ·ㅊ과 같이 혀와 입천장 사이에서 나는 소리. **덮을 개蓋, 소리 음音**

169

구두口頭 : 글로 쓰지 않고 입으로 하는 말. **머리 두頭**

동구洞口 : 동네 어귀. **마을 동洞**

瓶 병 **병**

병목현상瓶목現象 : 병의 목처럼 가느다란 곳에서 나타나는 현상이라는 의미로, 도로의 노폭이 갑자기 좁아진 곳에서 일어나는 교통 정체 현상.

防 막을 **방**

① 막다 ② 둑

방파제防波堤 : 바다의 거친 파도를 막기 위해 만든 둑. **파도 파波, 둑 제堤**

제방堤防 : 홍수를 막기 위해 흙으로 쌓은 둔덕. **둑 제堤**

意 뜻 **의**

자의恣意 : 제멋대로 하는 생각. **마음 내키는 대로 할 자恣**

사의辭意 : 사임辭任할 뜻. 그만둘 뜻. **사양할 사辭**

城 성곽 **성**

농성籠城 : 대바구니처럼 성을 둘러싸다. 성문을 굳게 닫고 성을 지키는 일. 데모대들이 시위의 수단으로 자리를 지키는 일. **대바구니 롱籠**

해설

《채근담》에도 비슷한 가르침이 있다. "입은 마음의 문이니 입을 엄격히 지키지 못하면 마음의 참다운 기틀이 모두 누설될 것이다. 뜻은 마음의 발이니 뜻을 엄격히 막지 못하면 마음이 옳지 못한 길로 달려갈 것이다."

人無百歲人 枉作千年計
인 무 백 세 인 왕 작 천 년 계

〈樂府古辭락부고사〉 '西門行서문행'

➡ 사람이 백 살인 사람이 없는데도 공연히 천 년의 계획을 만든다.

핵심 한자 풀이

歲 나이 세
① 나이 ② 해 ③ 세월
연세年歲 : 상대자를 대접하여 그의 나이를 이르는 말. **해 년年**
세배歲拜 : 섣달 그믐날이나 정초에 친족이나 웃어른께 문안하는 새해 인사. **절할 배拜**
세월歲月 : 흘러가는 시간.

枉 공연히 왕
왕림枉臨 : '귀한 몸을 굽히어 오신다'는 의미로, 남이 자기가 있는 곳으로 오는 것을 이르는 말. **임할 임臨**

作 만들 작
① 만들다 ② 일으키다 ③ 일하다
작가作家 : 시, 소설, 그림 등 예술 작품을 창작하는 일에 종사하는 사람. **전문가 家家**
진작振作 : 떨치어 일으킴. **떨칠 진振**
작업作業 : 일정한 목적과 계획 아래 일을 함. **일 업業**

計 계획 계
① 계획 ② 셈하다 ③ 꾀하다

171

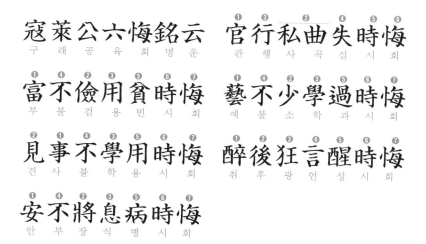

寇萊公六悔銘云 官行私曲失時悔
구 래 공 육 회 명 운　관 행 사 곡 실 시 회

富不儉用貧時悔 藝不少學過時悔
부 불 검 용 빈 시 회　예 불 소 학 과 시 회

見事不學用時悔 醉後狂言醒時悔
견 사 불 학 용 시 회　취 후 광 언 성 시 회

安不將息病時悔
안 부 장 식 병 시 회

➡ 구래공이 육회명에 이르기를 '벼슬살이할 때 바르지 못한 일을 행하게 되면 벼슬을 잃을 때 후회하게 되고, 부자일 때 검소하게 쓰지 아니하면 가난하게 되었을 때 후회하게 되고, 재주를 젊었을 때 배우지 아니하면 시기가 지난 때에 후회하게 되고, 일을 보고 배우지 아니하면 사용하려 할 때에 후회하게 된다. 술에 취한 후에 함부로 말하면 술이 깨었을 때 후회하게 되고, 편안할 때 장차 휴식하지 않으면 병이 들었을 때 후회하게 될 것이다.'

핵심 한자 풀이

寇萊公 구 래 공	송대의 정치가 구준寇準. 북송 때 재상이 됨. 요나라가 쳐들어 왔을 때에 수습을 잘한 공로로 내국공萊國公이라는 벼슬을 받았다.

| 六悔銘 | 여섯 가지의 뉘우칠 일에 대해 쓴 글. '銘'은 한문 문체의 |
| 육 회 명 | 이름 |

私曲 사곡 | 바르지 못한 일. 사사로울 사私, 굽을 곡曲

悔
뉘우칠 **회**

회개悔改 : 잘못을 뉘우쳐 고침. 고칠 개改
참회懺悔 : 깊이 잘못을 뉘우침. 뉘우칠 참懺

儉
검소할 **검**

검소儉素 : 사치하지 않고 수수함. 소박할 소素
검약儉約 : 검소하고 절약함. 검소할 약約

藝
재주 **예**

예능藝能 : 재주와 기능. 능할 능能
문예文藝 : 문학 예술의 준말로, 언어로 표현한 예술 작품을 통틀어 이르는 말. 문학 문文

過
지날 **과**

① 지나다 ② 허물 ③ 건너다 ④ 지나치다
과정過程 : 일이 되어 가는 경로. 일 정程
과실過失 : 부주의로 인해 생기는 잘못이나 허물. 잘못 실失
과도기過渡期 : 한 단계에서 다음 단계로 넘어 가는 중간 시기.
건널 도渡, 시기 기期
과로過勞 : 지나치게 일을 함, 또는 그로 인한 피로나 고달픔. 일할 로勞

醉
술 취할 **취**

① 술 취하다 ② 마음 빼앗기다
취생몽사醉生夢死 : 술 취한 것처럼 살고 꿈꾸는 것처럼 죽는다는 의미로, 하는 일 없이 흐리멍덩하게 한평생을 보내는 생활. 설 생生, 꿈 몽夢, 죽을 사死
심취心醉 : 한 가지 방면으로 마음이 쏠리어 열중함. 마음 심心

狂
미칠 **광**

광분狂奔 : 미처 날뜀. 어떤 일에 미친 듯이 분주히 서두름. **달릴 분奔**

광언狂言 : 도에 벗어난 말. 미친 사람의 말. **말씀 언言**

醒
술 깰 **성**

① 술 깨다 ② 잠깨다 ③ 깨닫다

성주탕醒酒湯 : 술을 깨게 하는 국이라는 의미로 '해장국'을 달리 이르는 말. **술 주酒, 끓는 물 탕湯**

성수醒睡 : 잠에서 깸. **잠잘 수睡**

각성覺醒 : 깨달아 정신을 차림. **깨달을 각覺**

將
장차 **장**

① 장차 ② 장수 ③ 나아가다

장래將來 : 장차 옴. 앞날. **올 래來**

장상將相 : 장수와 재상. 장군과 대신. **재상 상相**

일취월장日就月將 : 날로 나아가고 달로 자라거나 발전해 나아 감. **나아갈 취就, 나아갈 장將**

息
쉴 **식**

① 쉬다 ② 호흡하다 ③ 생존하다 ④ 자식

안식安息 : 편하게 쉼. **숨 쉴 식息**

질식窒息 : 숨 쉬는 것이 막히다. 숨이 막힘. **막힐 질窒**

서식棲息 : 동물이 깃들어 살아감. **살 서棲**

영식令息 : 아름다운 자식이라는 의미로, 상대방을 대접하여 그 의 아들을 이르는 말. **아름다울 영令**

心安茅屋穩 性定菜羹香
심　안　모　옥　온　　성　정　채　갱　향

➡ 마음이 편안하면 띠로 만든 집에 사는 것도 편안하고, 성품이
　정해지면 나물국도 향기로우니라.

핵심 한자 풀이

安
편안할 **안**
① 편안하다 ② 어찌

茅
띠 **모**
띠 : 들이나 물가에 무더기로 나는 포아풀과의 여러해살이 풀

屋
집 **옥**
① 집 ② 덮개
옥외屋外 : 집 바깥. 건물의 밖.
옥상屋上 : 지붕 위.

穩
안온할 **온**
온당穩當 : 사리에 어그러지지 않고 알맞음.　**알맞을 당當**
평온平穩 : 고요하고 안온함.　**평온할 평平**

性
성품 **성**
① 성품 ② 성
성격性格 : 각 사람의 특유한 성질.　**정도 격格**
이성異性 : 생리적으로 다른 성, 곧 남성에 대한 여성이나 여성
　에 대한 남성.　**다를 이異**

定
정할 **정**

정원定員 : 일정한 규칙으로 정한 인원. **사람 원員**
정혼定婚 : 혼인하기로 정함. **결혼할 혼婚**

菜
나물 **채**

채독菜毒 : 채소를 먹는 데서 생기는 위장을 해치는 독기. **해칠 독毒**
채마菜麻 : 심어서 가꾸는 나물. **삼 마麻**

羹
국 **갱**

양갱羊羹 : 엿에 설탕, 팥, 우무 따위를 넣고 끓인 후에 식혀 만든
과자. 처음 만들 때에 양의 피를 섞어 만들었기에 '양 양羊'을
썼다. **양 양羊**

香
향기 **향**

향료香料 : 향을 만드는 재료. **재료 료料**
향화香火 : 향을 피운다는 의미로 '제사'를 이르는 말. **불사를 화火**

해설

공자도 《논어論語》 〈술이述而〉편에서 "거친 밥을 먹고 물을
마시며 팔을 베고 자더라도 즐거움이 그 가운데에 있다. 의롭
지 않는 부귀는 뜬구름과 같다."고 말한 바 있다.

景行錄云　責人者不全交　自恕者
경 행 록 운　 책 인 자 부 전 교　 자 서 자

不改過
불 개 과

➡ 경행록에 이르기를 '다른 사람을 책망하는 사람과는 온전하게 사
  귈 수 없고, 스스로를 용서하는 자는 허물을 고칠 수 없느니라.'

핵심 한자 풀이

責
꾸짖을 책

① 꾸짖다 ② 책임 ③ 권하다
책망責望 : 허물을 꾸짖음. 나무랄 망望
책무責務 : 직책과 임무. 일 무務
책선責善 : 착한 일을 하도록 권함. 착할 선善

全
온전할 전

① 온전하다 ② 모두 ③ 한창
완전完全 : 부족한 점이나 흠이 없음. 완전할 완完
전모全貌 : 전체의 모습. 모양 모貌
전성全盛 : 형세 또는 유행 따위가 한창 성함. 많을 성盛

交
사귈 교

① 사귀다 ② 섞이다 ③ 엇갈리다
교제交際 : 서로 사귐. 서로 가까이 함. 만날 제際
교역交易 : 각각의 나라 사이에서 물건을 사고팔고 하여 서로 바

177

꿈. **바꿀 역易**

교착交錯 : 뒤섞여서 엇갈림. **섞일 착錯**

恕
용서할 서

용서容恕 : 잘못이나 죄를 꾸짖거나 벌하지 않고 끝냄. **담을 용容**

충서忠恕 : 자기에게 정성을 다하며 다른 사람을 용서함. **충실할 충忠**

해서海恕 : 바다와 같은 넓은 마음으로 용서함. **바다 해海**

改
고칠 개

개과천선改過遷善 : 잘못을 고쳐서 착함으로 옮김. **허물 과過, 옮길 천遷, 착할 선善**

개량改良 : 질이나 구조, 성능 등을 고쳐 더 좋게 함. **좋을 량良**

過
허물 과

① 허물 ② 지내다 ③ 지나치다

과실치사過失致死 : 허물이나 실수로 죽음에 이르게 함. **잘못 실失, 이를 치致, 죽음 사死**

과정過程 : 일이 되어가는 경로.

과로過勞 : 지나치게 일을 함.

生事事生　省事事省
생　사　사　생　　생　사　사　생

➡ 일을 생기게 하면 일이 생기고, 일을 줄이려 하면 일이 줄어든다.

핵심 한자 풀이

生
날 생

① 생겨나다 ② 서투르다
생로병사生老病死 : 인생이 반드시 밟아야 하는 네 가지 큰 고통, 즉 나고 늙고 병들고 죽는 일. **늙을 로老, 병들 병病, 죽을 사死**
생무살인生巫殺人 : 선무당이 사람을 죽임. 기술과 경험이 적은 사람이 잘난 체하다가 도리어 화를 초래함. **무당 무巫, 죽일 살 殺, 사람 인人**

事
일 사

① 일 ② 섬기다
사필귀정事必歸正 : 모든 일은 반드시 바른 길로 돌아옴. 최후의 승리자는 '정의'라는 의미. **반드시 필必, 돌아갈 귀歸, 바를 정正**
사정事情 : 일의 형편이나 그렇게 된 까닭. **뜻 정情**
사례事例 : 어떤 일에 관한 실제의 본보기. **보기 례例**
형사刑事 : 범죄의 수사 및 체포를 직무로 하는 사복私服 경찰관. **형벌 형刑**
사대주의事大主義 : 큰 나라를 섬기는 태도. **큰 나라 대大**
사친이효事親以孝 : 어버이를 섬김에 효성을 다해야 한다. **어버**

179

省
덜 생

① 덜다, 줄이다 ② 살피다 [성] ③ 관청 [성]

생략省略 : 글이나 말 또는 일정한 절차에서 일부를 빼거나 줄임. **간략할 략略**

혼정신성昏定晨省 : 저녁에 잠자리를 정해 주고 새벽에 안부를 살펴 드리는 효성. **저녁 혼昏, 정할 정定, 새벽 신晨**

성묘省墓 : 조상의 산소를 찾아가서 살피어 돌봄. **무덤 묘墓**

성省 : 중국의 지방 행정상의 구획.

해설

《십팔사략》에도 "한 가지 이로운 일을 일으키는 것은 한 가지 해로운 일을 없애는 것보다 못하다. 한 가지 일을 시작하는 것은 한 가지 일을 없애는 것보다 못하다."라는 말이 있다.

戒性

戒　性
깨끗이할 **계**　성품 **성**

- 성품을 깨끗하게 함.
- 본래의 성품인 착한 마음을 깨끗하게 지켜 나가야 함.
- 자신의 본성을 깨끗하게 지켜 나가야 하기 때문에 분노를 누르고 인정을 베풀려는 노력을 게을리하지 말아야 한다. 선善을 해치는 방종과 격정, 분노와 꾸짖음을 참으면 우리에게 주어진 인간의 참된 본성을 지킬 수 있는 것이다.

景行錄云　人性如水　水一傾則不
경 행 록 운　인 성 여 수　수 일 경 즉 불

可復　性一縱則不可反　制水者必
가 복　성 일 종 즉 불 가 반　제 수 자 필

以堤防　制性者必以禮法
이 제 방　제 성 자 필 이 예 법

➡ 경행록에 이르기를 '사람의 성품은 물과 같다. 물이 한번 기
울어지면 회복이 불가능한 것처럼 사람의 성품도 한번 방종
해지면 돌이킬 수가 없는 것이다. 물을 다스리는 자는 반드시
제방으로써 해야 하고 성품을 올바르게 다스리려는 자는 반드
시 예법으로써 해야 하느니라.'

핵심 한자 풀이

性
성품 **성**

① 성품 ② 성질 ③ 생명 ④ 성

개성個性 : 한 개인이 가지는 고유한 취향이나 특성. 낱 개個

만성慢性 : 병의 증세가 심해지지도 쉽게 낫지도 않고 오래 끄는
　　성질. 게으를 만慢

활성화活性化 : 사회나 조직 등이 활발하게 됨. 살 활活, 될 화化

성폭력性暴力 : 이성異性에게 위해危害를 가한 폭력적 사태.

傾
기울어질 경

① 기울어지다 ② 위태롭다
경사傾斜 : 비스듬히 기울어짐. **비스듬할 사斜**
경국지색傾國之色 : 나라를 기울어지게 할 만큼(임금을 미혹할 만큼)의 아름다운 여자. **나라 국國, 얼굴빛 색色**

復
회복할 복

① 회복하다 ② 갚다 ③ 되풀이하다 ④ 다시 **부** ⑤ 돌아오다
복구復舊 : 예전의 상태로 회복함. **옛날 구舊**
복수復讐 : 원수를 갚음. **원수 수讐**
복습復習 : 배운 것을 되풀이하여 익힘. **익힐 습習**
부활復活 : 죽었다가 다시 살아남. 쇠퇴하였던 것을 다시 일으킴. **살 활活**
왕복往復 : 갔다가 돌아옴. **갈 왕往**

縱
방종할 종

① 방종하다 ② 세로
방종放縱 : 아무 거리낌 없이 제멋대로 놀아남. **놓을 방放**
종횡縱橫 : 세로와 가로. 자유자재로 거침이 없음. **가로 횡橫**

反
돌이킬 반

① 돌이키다 ② 뒤집다 ③ 되풀이하다
반격反擊 : 쳐들어오는 것을 되받아 공격함. **칠 격擊**
여반장如反掌 : 손바닥을 뒤집는 것과 같다는 의미로 '일이 썩 쉬움'을 이르는 말. **같을 여如, 손바닥 장掌**
반복反復 : 되풀이함. **돌아올 복復**

制
다스릴 제

① 다스리다 ② 규정 ③ 정하다
제압制壓 : 위력이나 위엄으로 남을 억눌러 통제함. **누를 압壓**
제도制度 : 사회생활을 하는 데 필요한 법칙. **법도 도度**
제정制定 : 제도 문물을 정함. **정할 정定**

堤
제방 제

방파제防波堤 : 파도나 해일 등을 막기 위해 쌓아 올린 둑. **막을 방防, 파도 파波**

방조제防潮堤 : 조수潮水로 인한 피해를 막기 위해 쌓은 둑. **막을 방防, 조수 조潮**

防
둑 방

① 둑 ② 막다

제방堤防 : 둑. **둑 제堤**

방지防止 : 막아서 멎게 함. **멈출 지止**

禮
예절 례

① 예절 ② 인사 ③ 예물

예도禮度 : 예의와 법도. **법도 도度**

예배禮拜 : 공경하는 마음으로 절함. **절 배拜**

예물禮物 : 사례의 뜻으로 주는 물건. **물건 물物**

해설

강태공이 젊은 시절에 먹을 것이 없는데 책만 읽고 낚시질만 하자, 아내인 마씨馬氏가 참지 못하고 친정으로 도망갔다. 훗날, 강태공이 주나라 문왕의 스승이 되어 재상 자리에 오르자 마씨가 찾아와 용서해 달라고 하였다. 이때 강태공이 항아리의 물을 바닥에 붓고서 그 물을 마씨에게 주워 담으라고 하였다. 어리둥절해하는 마씨에게 강태공은 "엎질러진 물을 다시 항아리에 주워 담을 수 없는 것처럼 헤어진 사람 또한 다시 돌아와 함께 살 수 없다."라고 말하였다.

❺❶❷❸❹　❺❶❷❸❹
忍一時之忿 免百日之憂
인 일 시 지 분　면 백 일 지 우

《增廣賢文증광현문》

➡ 한때의 분함을 참으면 백 날의 근심을 면할 수 있다.

핵심 한자 풀이

忍
참을 인
① 참다 ② 잔인하다
인종忍從 : 참고 복종함. 따를 종從
잔인殘忍 : 인정이 없고 몹시 모짊. 해칠 잔殘

忿
성낼 분
격분激忿 : 분하고 노여운 감정이 북받쳐 오름. 물결 부딪칠 격激
분사난忿思難 : 성날 때에는 나중에 닥칠 어려움을 생각하라. 생각 사思, 어려울 난難

免
벗어날 면
① 벗어나다 ② 허가하다 ③ 내치다
면제免除 : 의무나 책임 따위에서 벗어나다. 버릴 제除
면허免許 : 어떤 행위나 영업을 특정인에게만 허가하는 행정처분. 허락할 허許
파면罷免 : 직무를 그만두게 하고 내침. 그만둘 파罷

憂
근심 우
우려憂慮 : 근심과 걱정. 걱정할 려慮

愚濁生嗔怒　皆因理不通　休添心
우 탁 생 진 노　개 인 이 불 통　휴 첨 심

上火　只作耳邊風　長短家家有　炎
상 화　지 작 이 변 풍　장 단 가 가 유　염

凉處處同　是非無相實　究竟摠成
량 처 처 동　시 비 무 상 실　구 경 총 성

空
공

⬆ 어리석고 흐리멍덩한 사람이 성냄을 만들어 내는 것은 모두
이치에 통달하지 못한 까닭이다. 마음 위에 불을 더하는 것을
그만두고 다만 귓가의 바람으로 삼으라. 장점과 단점은 집집
마다 있는 것이고 더움과 서늘함은 곳곳이 같다. 옳고 그름이
란 본래 서로 실상이 없는 것이어서 마침내는 모두 헛된 것이
되는 것이다.

핵심 한자 풀이

愚
어리석을 우

① 어리석다 ② 자기 것을 낮춤을 나타내는 접두사
우롱愚弄 : 남을 어리석다면서 놀림. **가지고 놀 롱弄**
우견愚見 : 자기의 생각을 낮추어 일컫는 말. **생각 견見**

濁 흐리멍덩할 탁

일어탁수一魚濁水 : 한 마리의 고기가 물을 흐린다는 뜻으로, 한 사람의 잘못으로 여러 사람이 피해를 입게 됨. 물고기 어魚

嗔 성낼 진

원진元嗔 : 궁합에서 서로 꺼리는 살. 으뜸 원元

怒 성낼 노

노기怒氣 : 성난 기운. 기운 기氣

皆 모두 개

개병주의皆兵主義 : 모두가 군인이 되어야 한다는 주장. 국민 모두가 병역의 의무를 갖는다는 주장이나 방침. 군사 병兵

因 까닭 인

심인성心因性 : 정신적 · 심리적 원인으로 생기는 특성. 마음 심心

理 이치 리

① 이치 ② 다스리다
이치理致 : 사물에 대한 정당한 합리성. 이를 치致
이사理事 : 일을 다스리는 사람. 단체를 대표하여 사무를 집행하는 직위에 있는 사람. 일 사事

通 통달할 통

① 통달하다 ② 통하다 ③ 내왕하다 ④ 알다
통독通讀 : 처음부터 끝까지 내리 읽음. 읽을 독讀
통과通過 : 통하여 지나감. 지날 과過
통근通勤 : 집에서 근무처에 일하러 다님. 근무할 근勤
통달通達 : 환히 앎. 다다를 달達

休 그만둘 휴

연휴連休 : 이틀 이상 잇달아 이어지는 휴일. 이을 연連

添 더할 첨

첨삭添削 : 첨가하거나 삭제함. 깎을 삭削
금상첨화錦上添花 : 비단 위에 꽃을 더한다는 뜻으로, 좋은 일 위에 더 좋은 일이 더하여짐을 비유적으로 이르는 말. 비단 금錦,

꽃 화花

只
다만 **지**

지재차산중只在此山中 : 다만 이 산속에 있음.

作
삼을 **작**

① 만들다 ② 일으키다 ③ 행하다 ④ 삼다 ⑤ 일하다 ⑥ 작품

작가作家 : 창작하는 일에 종사하는 사람. **전문가 가家**

진작振作 : 정신을 떨쳐 일으킴. **떨칠 진振**

조작造作 : 일을 거짓으로 만들고 꾸며 냄. **만들 조造**

작정作定 : 일을 어떻게 하기로 마음속으로 결정함. **정할 정定**

작업作業 : 일정한 목적을 가지고 하는 작업. **일 업業**

걸작傑作 : 뛰어난 작품. **뛰어날 걸傑**

부작용副作用 : 부수적으로 일어나는 바람직하지 못한 작용. **버금 부副**

Tip 耳邊風 **이변풍** ┃ 귓가에 스쳐 가는 바람

炎
더울 **염**

폭염暴炎 : 매우 심한 더위. **사나울 폭暴**

염증炎症 : 생체 조직이 손상을 입었을 때 체내에서 일어나는 방어적 반응. **증세 증症**

凉
서늘할 **량**

① 서늘하다 ② 쓸쓸하다

납량納凉 : 서늘함을 받아들임. 더위를 피하게 해줌. **들일 납納**

황량荒凉 : 황폐하고 쓸쓸함. **거칠 황荒**

염량세태炎凉世態 : 뜨거웠다가 차가워지는 세태世態. 권세가 있을 때에는 아첨하여 좇아가고 권세가 떨어지면 푸대접하는 비정하고 이기적인 세상의 모습. **뜨거울 염炎**

究
끝 **구**

구극究極 : 극도에 달함. 마지막. **다할 극極**

궁구窮究 : 끝까지 파고들어 연구함. **다할 궁窮**

竟
마침내 경

필경畢竟 : 끝장에 이르러. 마칠 필畢

유지경성有志竟成 : 뜻이 있다면 마침내 이룰 수 있다. 뜻 지志
　　이룰 성成

摠
모두 총

= 總

子張欲行辭於夫子　願賜一言爲修
자 장 욕 행 사 어 부 자　원 사 일 언 위 수

身之美　子曰　百行之本忍之爲上
신 지 미　자 왈　백 행 지 본 인 지 위 상

子張曰何爲忍之　子曰　天子忍之
자 장 왈 하 위 인 지　자 왈　천 자 인 지

國無害　諸侯忍之成其大　官吏忍
국 무 해　제 후 인 지 성 기 대　관 리 인

之進其位　兄弟忍之家富貴　夫妻
지 진 기 위　형 제 인 지 가 부 귀　부 처

忍之終其世　朋友忍之名不廢　自
인 지 종 기 세　붕 우 인 지 명 불 폐　자

身忍之無禍害
신 인 지 무 화 해

➡ 자장이 여행하고자 공자에게 작별 인사를 하면서 "원컨대 한
말씀 내려주시면 몸을 닦는 아름다움으로 삼겠습니다."라고
하였다. 공자가 말하기를 "모든 행동의 근본 중에 참는 것을
최고로 삼아야 한다." 하였다. 자장이 말하기를 "어떤 까닭으
로 그것을 참아야 합니까?" 공자가 말하기를 "임금이 참으면
나라에 해가 없고, 제후가 참으면 크게 이루게 되고, 관리가

참으면 지위가 올라가고, 형제가 참으면 집안이 부귀해지고, 남편과 아내가 참으면 세상을 잘 마칠 수 있고, 친구가 참으면 명예가 없어지지 아니하고, 자신이 참으면 재앙과 해로움이 없어지기 때문이다."

핵심 한자 풀이

> **子張**
> 자 장
> 춘추시대春秋時代(기원전 770~기원전 403) 진陳나라 사람. 공자보다 48살이나 적은 공자의 제자로, 용모가 수려하고 성품이 너그러워 남과 잘 사귀었으며 문학과 웅변에 뛰어났다고 한다.

欲
하고자 할 **욕**

바라다, 욕심

行
갈 **행**

행백리자반구십行百里者半九十 : 백 리를 가는 사람에게 반절은 50리가 아니라 90리다. 처음 90리와 나머지 10리가 맞먹는다는 의미. 무슨 일이든 처음은 쉽지만 끝맺기가 어려움을 비유하여 이르는 말.

辭
말할 **사**

① 말하다 ② 사양하다

> **Tip**
> **夫子 부자** | 스승에 대한 존칭. 여기서는 '공자'를 지칭함

願
원할 **원**

의원면직依願免職 : 본인이 원하는 바에 의지해서 그 직에서 물러나게 함. **의미할 의依, 면할 면免**

賜
줄 **사**

사약賜藥 : 죽여야 할 신하에게 임금이 마시고 죽으라며 내려 주는 독약. **약 약藥**

하사下賜 : 임금이 신하에게, 높은 사람이 낮은 사람에게 물건을

줌. 아랫사람 하下

爲
행할 **위**
① 행하다 ② 위하다 ③ 되다 ④ ~이다

修
닦을 **수**
대학수학능력시험大學修學能力試驗 : 대학에서 학문을 닦을 능
력이 있는지를 측정하는 시험. **시험할 시試, 증험할 험驗**
수신제가修身齊家 : 자기自己의 몸을 닦은 다음에라야 집안일을
잘 다스릴 수 있음. **몸 신身, 다스릴 제齊, 집 가家**

 **Tip** 百行 **백행** | 모든 행실

之
어조사 **지**
① 관형격조사 ② 대명사 ③ 주격조사 ④ 목적격조사
⑤ 가다(go)

忍
참을 **인**
① 참다 ② 잔인하다
인고忍苦 : 괴로움을 참고 견딤. **괴로울 고苦**
잔인殘忍 : 인정이 없고 몹시 모짊. **해칠 잔殘**

上
최고 **상**
① 위 ② 임금 ③ 오르다 ④ 최고

何
어찌 **하**
① 어찌 ② 누구 ③ 얼마

 Tip 天子 **천자** | 황제의 별칭

害
해로울 **해**
유해식품有害食品 : 해가 있는 식품. **있을 유有, 먹을 식食, 물건 품品**
가해자加害者 : 해를 끼친 사람. **더할 가加, 사람 자者**

Tip

諸侯 **제후** | 봉건 시대에 천자 밑에서 봉토를 받아 그 영지를 다스렸던 사람. 모든 제諸, 제후 후侯

官吏 **관리** | 관직에 있는 벼슬아치. 벼슬 관官, 벼슬아치 리吏

進
올라갈 진

진퇴양난進退兩難 : 나아가기도 물러나기도 둘 다 어렵다. 매우 어려운 상황. 물러날 퇴退, 둘 량兩, 어려울 난難

진퇴유곡進退維谷 : 나아가도 물러나도 오직 계곡만 있을 뿐이다. 매우 어려운 상황. 오직 유維, 골짜기 곡谷

位
자리 위

자리 잡다, 분(인원)의 경칭

貴
귀할 귀

① 귀여워하다 ② 값비싸다

부귀여부운富貴如浮雲 : 부귀는 뜬구름과 같이 허무한 것이다. 넉넉할 부富, 같을 여如, 뜰 부浮, 구름 운雲

부귀영화富貴榮華 : 재산이 많고 지위가 높으며 영화로움. 꽃이 필 영榮, 꽃 화華

夫
남편 부

① 사내 ② 남편

대장부大丈夫 : 사내답고 씩씩한 남자.

부창부수夫唱婦隨 : 남편이 노래하면 아내가 따라서 노래한다는 의미로, 부부의 화합하는 도리를 설명하는 말. 노래할 창唱, 아내 부婦, 따를 수隨

妻
아내 처

조강지처糟糠之妻 : 지게미와 쌀겨(보잘것없는 음식)를 함께 먹으며 고생을 함께하여 살아온 본처. 지게미 조糟, 쌀 겨 강糠, 아내 처妻

終
마칠 종

자초지종自初至終 : 처음부터 끝까지. ～부터 자自, 처음 초初, 이를 지至

종업식終業式 : 학교 등에서 일을 마칠 때 행하는 의식. 일 업業

世
평생 세

① 세상 ② 평생 ③ 첫째

세계世界 : 지구, 인류, 사회 전체, 사물 현상의 어떤 범위나 분
야. 지경 계界

종세終世 : 평생을 마침. 마칠 종終

세자世子 : 왕의 자리를 이을 왕자. 아들 자子

廢
폐할 폐

① 버리다 ② 못쓰게 되다

폐기廢棄 : 버림. 버리고 쓰지 아니함. 버릴 기棄

폐물廢物 : 아무 쓸모없이 된 물건. 물건 물物

禍
재앙 화

멸문지화滅門之禍 : 집안이 다 없어짐을 당하는 재앙. 없앨 멸滅,
집안 문門

전화위복轉禍爲福 : 재앙이 굴러서 복이 됨. 구를 전轉, 될 위爲, 복
복福

子張曰 不忍則如何 子曰 天子不
자 장 왈 　불 인 즉 여 하 　자 왈 　천 자 불

忍國空虛 諸侯不忍喪其軀 官吏
인 국 공 허 　제 후 불 인 상 기 구 　관 리

不忍刑法誅 兄弟不忍各分居 夫
불 인 형 법 주 　형 제 불 인 각 분 거 　부

妻不忍令子孤 朋友不忍情意疎
처 불 인 영 자 고 　붕 우 불 인 정 의 소

自身不忍患不除 子張曰 善哉善
자 신 불 인 환 부 제 　자 장 왈 　선 재 선

哉 難忍難忍 非人不忍 不忍非人
재 　난 인 난 인 　비 인 불 인 　불 인 비 인

자장이 "참지 않으면 어떻게 됩니까?" 하고 묻자 공자가 말하기를 "천자가 참지 아니하면 나라가 공허하게 되고, 제후가 참지 아니하면 그 몸까지 잃어버리고, 관리가 참지 아니하면 형법에 의해 죽게 되고, 형제가 참지 아니하면 각각 헤어져 살게 되고, 남편과 아내가 참지 않으면 아름다운 자식을 외롭게 하고, 친구끼리 참지 않으면 정과 뜻이 멀어지게 되고, 자신이 참지 않으면 근심이 제거되지 않으니라." 하였다. 자장이 말하기를 "좋고도 좋도다. 참는 일은 어려운 일 참는 일은 어려운 일, 사람이 아니면 참을 수 없고 참지 아니하면 사람이 아니다."

Tip 如何 **여하** ∣ 어떻게 되는가?
空虛 **공허** ∣ 속이 텅 비게 됨

喪
잃을 상

① 복 입다 ② 망하다
상복喪服 : 상중에 상제가 입는 예복. 옷 복服
상실喪失 : 기억, 정신, 자격, 권리 따위를 잃어버림. 잃을 실失

軀
몸 구

거구巨軀 : 거대한 몸뚱이. 클 거巨

Tip 刑法 **형법** ∣ 범죄와 형벌의 내용을 규정한 법률

誅
벨 주

가렴주구苛斂誅求 : 가혹하게 세금을 거두고 목을 벤다고 협박
하면서 재산 등을 구함(빼앗음). 매울 가苛, 거둘 렴斂, 구할 구求

居
살 거

거안사위居安思危 : 편안한 처지에 있을 때 위험에 처할 때를 미
리 생각하여 경계함. 편안할 안安, 생각 사思, 위태할 위危

令
아름다울 령

① 명령하다 ② 우두머리 ③ 아름답다
명령命令 : 윗사람이 시키는 분부. 명할 명命
수령守令 : 고을을 다스리는 벼슬아치. 지킬 수守
영애令愛 : 아름답고 사랑스러운 사람. 남의 딸을 높여 부르는 말.

孤
외로울 고

환과고독鰥寡孤獨 : 홀아비와 과부와 고아와 자식 없는 늙은이.
외롭고 의지할 곳 없는 사람들. 홀아비 환鰥, 적을 과寡, 홀몸 독獨

疏 멀어질 소

소외疏外 : 주위에서 꺼리며 따돌림. **바깥 외外**

소통疏通 : 사물이 막힘없이 잘 통함. **통할 통通**

患 근심 환

환난상휼患難相恤 : 걱정거리나 어려움이 생겼을 때 서로 도와줌. **어려울 난難, 서로 상相, 구휼할 휼恤**

除 제거할 제

① 없애다 ② 나누다

배제排除 : 어느 범위나 영역에서 없애버림. **물리칠 배排**

가감승제加減乘除 : 더하기 빼기 곱하기 나누기. **더할 가加, 덜 감減, 곱할 승乘, 나눗셈 제除**

善 좋을 선

① 착하다 ② 잘하다 ③ 옳게 여기다

위선僞善 : 거짓으로 착한 체함. **거짓 위僞**

선전善戰 : 열심히 잘 싸움. **싸움 전戰**

독선獨善 : 자기만 옳다고 생각함. **홀로 독獨**

哉 어조사 재

難 어려울 난

각골난망刻骨難忘 : 뼈에 새겨 잊기가 어려움. 입은 은혜恩惠에 대한 고마운 마음을 뼈에 새겨서 잊지 아니함. **새길 각刻, 뼈 골骨, 잊을 망忘**

忍 참을 인

목불인견目不忍見 : 눈으로 보는 것을 참을 수가 없음. 차마 눈으로 볼 수 없을 정도로 딱하거나 참혹慘酷한 상황狀況. **눈 목目, 볼 견見**

자기를 굽히는 자는 능히

景行錄云　屈己者能處重　好勝者
경 행 록 운　굴 기 자 능 처 중　호 승 자

必遇敵
필 우 적

《孔子家語공자가어》〈在厄재액〉편 20장

⊃ 경행록에 이르기를 '자기를 굽히는 자는 능히 중요한 지위에
처할 수 있고, 이기기를 좋아하는 자는 반드시 원수를 만나게
되느니라.'

핵심 한자 풀이

屈 굽힐 **굴**	굴욕屈辱 : 남에게 굽힘당하고 업신여김을 받는 모욕. 욕보일 욕辱 굴절屈折 : 휘어서 꺾임. 꺾일 절折
己 자기 몸 **기**	기소불욕물시어인己所不欲勿施於人 : 자기가 하고자 않는 일을 다른 사람에게 베풀지(시키지) 마라. 바 소所, 하고자 할 욕欲, 말 물勿, 베풀 시施, 다른 사람 인人 극기훈련克己訓鍊 : 자기를 이기는 능력을 기르는 훈련. 이길 극克
能 능할 **능**	능소능대能小能大 : 작은 일이나 큰일이나 두루 능숙함.

處
위치 **처**

① 곳(장소) ② 처분하다

각처各處 : 여러 곳. **각기 각各**

처리處理 : 일을 다스려 마무리함. **다스릴 리理**

重
요할 **중**

① 중요하다 ② 무겁다 ③ 거듭하다

중농주의重農主義 : 농업을 중시하는 생각. 국가 부富의 기초는
농업에 있다는 경제 사상. **농사 농農**

중량급重量級 : 무거운 무게의 체급. **양 량量, 등급 급級**

중복重複 : 거듭함. **겹칠 복複**

好
좋아할 **호**

애호愛好 : 사랑하고 좋아함. **사랑 애愛**

호감好感 : 좋은 감정. **느낄 감感**

勝
이길 **승**

① 이기다 ② 아름답다

승리勝利 : 싸움이나 경기에서 이김. **이길 리利**

명승지名勝地 : 이름나게 아름다운 곳. **이름 명名, 땅 지地**

遇
만날 **우**

① 만나다 ② 대접하다

불우不遇 : 좋은 때를 만나지 못함.

대우待遇 : 예우를 갖추어 대접함. **대할 대待**

敵
원수 **적**

이적利敵 : 적을 이롭게 함. **이로울 이利**

천적天敵 : 원래부터의 원수. 잡아먹히는 생물에 상대하여 잡아
먹는 생물을 이르는 말. **자연 천天**

惡人罵善人善人摠不對　不對心淸閑
악 인 매 선 인 선 인 총 부 대　부 대 심 청 한

罵者口熱沸　正如人唾天還從己身墜
매 자 구 열 비　정 여 인 타 천 환 종 기 신 추

▶ 악한 사람이 착한 사람을 욕하거든 착한 사람은 아예 대꾸하지 마라. 대꾸하지 않는 사람은 마음이 맑고 한가한데 욕하는 사람은 입이 뜨겁게 끓어오르느니라. 이것은 사람이 하늘에다 대고 침을 뱉으면 돌아와서 자기 몸을 좇아 떨어지는 것과 정확하게 같은 것이다.

핵심 한자 풀이

惡
악할 **악**

① 모질다 ② 미워하다 **오**

열악劣惡 : 상황, 품질, 능력能力 따위가 몹시 떨어지고 나쁨. 못할 열劣

악순환惡循環 : 나쁜 현상이 끊임없이 되풀이되는 일. 원인原因과 결과結果가 되풀이되어 한없이 악화惡化되는 일. 돌 순循, 돌 환環

오한惡寒 : 추위를 미워함. 열이 나면서 추위를 느끼는 증세. 추위 한寒

罵
욕할 **매**

매도罵倒 : 욕하여 넘어뜨림. 심하게 나쁜 쪽으로 몰아세움. 넘어질 도倒

摠
모두 **총**

對
대꾸할 **대**

괄목상대刮目相對 : 눈을 비비고 상대방을 본다(옛날과 너무 달라져서)는 의미로, 학식學識이나 업적業績이 크게 진보進步한 것을 일컬음. 비빌 괄刮, 눈 목目, 상대방 상相

淸
맑을 **청**

① 깨끗하다 ② 말끔하다

청백리淸白吏 : 청렴결백한 관리. 깨끗할 백白, 벼슬아치 리吏

청산淸算 : 말끔하게 셈을 끝냄. 계산할 산算

閑
한가할 **한**

농한기農閑期 : 농사일이 한가한 시기. 농사 농農, 시기 기期

한산閑散 : 일이 없어 한가함. 흩을 산散

熱
뜨거울 **열**

① 뜨겁다 ② 몸 달다

열기熱氣 : 뜨거운 기운.

열렬熱烈 : 관심이나 느끼는 정도가 더할 나위 없이 강함. 세찰 렬烈

沸
끓을 **비**

끓는 물, 용솟음치다

唾
침 뱉을 **타**

타액唾液 : 침샘에서 분비되며 끈기가 있는 무색의 소화액. 액체 액液

還
돌아올 **환**

환생還生 : 돌아서 태어남. 되살아남. 날 생生

귀환歸還 : 본디의 처소로 돌아옴. 돌아올 귀歸

從
따를 **종**

① 따르다 ② 세로 ③ 모시다 ④ 다음가다

순종順從 : 고분고분 따름. 순할 순順

종횡무진縱橫無盡 : 세로로 가로로 다함이 없음. 거침없이 마음 대로 하는 상태. 가로 횡橫, 다할 진盡

주종主從 : 주인과 모시는 사람. 주인 주主

종일품從一品 : 정일품正一品의 다음 품계. 버금 종從

墜
떨어질 **추**

추락墜落 : 높은 곳에서 떨어짐. 떨어질 락落

실추失墜 : 떨어뜨림. 잃을 실失

凡事留人情 後來好相見
① ② ⑤ ③ ④　① ② ③ ④ ⑤

범 사 유 인 정　후 래 호 상 견

➡ 모든 일에 인정을 남겨 두면, 앞으로 오는 날에 좋은 감정으로
서로 볼 수 있을 것이다.

핵심 한자 풀이

凡
모두 범

범사凡事 : 모든 일.

留
남길 유

① 남기다 ② 머무르다

유념留念 : 마음에 남김. 마음에 기억해 둠.

유학留學 : 외국이나 먼 곳에 머무르며 공부함.

정류장停留場 : 자동차나 전차 따위가 사람이 타고 내리도록 잠
시 멈추는 일정한 곳. **머무를 정停**

Tip

人情 **인정** ㅣ 남을 동정하는 따뜻한 마음

後來 **후래** ㅣ 장래. 앞으로 오는 날

相見 **상견** ㅣ 서로 봄

勤學

勤　學

부지런할 근   배울 학

- 부지런히 배워야 한다.
- 부지런히 배워야 좀 더 인간다운 인간이 될 수 있다.
- 인간은 어려서부터 부지런히 배워야 인간다움을 유지할 수 있고 자신을 완성시킬 수 있으며 남을 위한 일도 할 수 있다. 배움은 모든 일의 기초인 것이다.

子夏曰　博學而篤志　切問而近思
자하왈　박학이독지　절문이근사

仁在其中矣
인재기중의

《論語논어》〈子張자장〉 6장

➡ 자하가 말하기를 "널리 배우고 그리고 뜻을 두텁게 하고 간절히 묻고 그리고 생각을 가까이 하면 어짊이 그 가운데에 있느니라."

핵심 한자 풀이

子夏　공자의 제자로 자공子貢, 자장子張과 함께 '공문십철孔門十哲'
자 하　의 한 사람. 공자의 죽음을 슬퍼하여 실명失明하였다고 한다.

博
넓을 박

박람강기博覽强記 : 널리 여러 가지 책을 많이 읽어서 강하게(잘)
　기억하고 있음. 볼 람覽, 굳셀 강强, 기억할 기記
박이부정博而不精 : 많은 것을 알고 있으나 정밀하지 못함. 정밀
　할 정精
박애博愛 : 모든 사람을 차별 없이 모두 사랑함. 사랑 애愛
박학博學 : 널리 배움. 많이 배움.
박람회博覽會 : 온갖 물품을 전시 진열하고 판매, 선전하여 생산
　물의 개량 발전 및 산업 진흥을 꾀하기 위해 여는 전람회. 볼

람覽, 모임 회會

박물관博物館 : 많은 물건이 있는 집. 유물이나 문화적·학술적 의의가 깊은 자료를 수집하여 보관하고 전시하는 곳. 물건 물物, 집 관館

篤
돈독할 독

독실篤實 : 열성적이고 진실함. 진실할 실實
독지篤志 : 인정이 두터운 마음씨. 뜻 지志
독농가篤農家 : 열심히 농사짓는 사람. 농사 농農, 전문가 가家
독신자篤信者 : 돈독한 믿음을 가진 사람. 어떤 종교나 주의에 대한 믿음이 유달리 깊고 신실信實한 사람. 믿을 신信, 사람 자者

切
간절할 절

① 간절하다 ② 끊다
절박切迫 : 시간적으로 몹시 급박. 닥칠 박迫
절차탁마切磋琢磨 : 끊고, 갈고, 쪼고, 간다는 의미로 학문이나 도덕이나 기예 등을 열심히 닦는 것을 일컬음. 갈 차磋, 쪼을 탁琢, 갈 마磨

矣
어조사 의

'다만 ~일 뿐이다'는 한정의 의미를 나타냄.

莊子曰　人之不學如登天而無術
장 자 왈　 인 지 불 학 여 등 천 이 무 술

學而智遠如披祥雲而觀青天　登高
학 이 지 원 여 피 상 운 이 도 청 천　 등 고

山而望四海
산 이 망 사 해

⬀ 장자가 말하기를 "사람이 배우지 않는 것은 하늘에 오르려 하면서 기술이 없는 것과 같다. 배워서 지혜가 깊어지는 것은 상서로운 구름을 헤치고 푸른 하늘을 보는 것과 같고 높은 산에 올라 사해(온 세상)를 바라보는 것과 같은 것이니라."

핵심 한자 풀이

登
오를 등

① 오르다 ② 나가다 ③ 기재하다
등산登山 : 산에 오름. 메 산山
등교登校 : 학교에 나아감. 학교 교校
등기登記 : 장부에 기재함. 기록할 기記

術
재주 **술**

① 재주 ② 꾀
기술技術 : 어떤 일을 솜씨 있게 해 나가는 재간. **재주 기技**
술책術策 : 무슨 일을 도모하려는 꾀나 방법. **방법 책策**

智
슬기 **지**

지혜智慧 : 사물의 이치를 빨리 깨닫고 일을 정확하게 처리할
방도를 생각해 내는 재능. **슬기로울 혜慧**

披
헤칠 **피**

① 헤치다 ② 나누다
피로연披露宴 : 결혼, 회갑이라는 사실을 헤쳐(열어) 사람들에게
드러내 알리는 잔치. **드러낼 로露, 잔치 연宴**
피력披瀝 : 속마음을 조금도 숨기지 않고 털어놓음. **방울져 떨어질
력瀝**
피침披針 : 곪은 데를 째는(나누는) 침.

祥
상서로울 **상**

① 상서롭다 ② 조짐
상서祥瑞 : 경사롭고 길한 일이 일어날 징조. **길조 서瑞**
길상吉祥 : 운수가 좋을 조짐. **좋을 길吉**

覩
볼 **도**

목도目覩 : 눈으로 직접 봄.
이문목도耳聞目睹 : 귀로 듣고 눈으로 본다는 뜻으로 '실지로 경
험함'을 이르는 말. **귀 이耳, 들을 문聞, 눈 목目**

望
바랄 **망**

전망展望 : 펼쳐진 곳을 바라봄. **펼칠 전展**
희망希望 : 앞일에 대하여 좋은 결과를 기대함. **바랄 희希**
절망絶望 : 희망을 끊어 버림. 체념하고 포기함. **끊을 절絶**

禮記曰　玉❶不❸琢❷不❻成❺器❹　人❶不❸學❷不❻

예 기 왈　　옥 불 탁 불 성 기　　인 불 학 부

知❺義❹

지 의

《禮記예기》〈學記학기〉 1장

➡ 예기에 이르기를 '옥을 다듬지 않으면 그릇을 이룰 수 없고,
사람이 배우지 않으면 의義를 알지 못한다.'

핵심 한자 풀이

禮記 예기	유학의 다섯 가지 경서經書인 '오경五經'의 하나로, '예禮'뿐 아니라 음악과 정치 등 다양한 내용들이 실려 있는 책. 오경 중 가장 늦게 쓰여진 책이다.

玉

구슬 옥

① 구슬 ② 아름답다 ③ 임금

옥석구분玉石俱焚 : 옥과 돌이 같이 타 버림. 좋은 것과 나쁜 것
이 함께 없어짐. 돌 석石, 함께 구俱, 태울 분焚

옥수玉手 : 아름다운 여자의 손.

옥좌玉座 : 임금이 앉은 자리. 자리 좌座

琢
쫄 탁

절차탁마切磋琢磨 : 끊어서 갈고 쪼아서 갈아 냄. 옥이나 뿔 따위를 갈고 닦아서 빛을 낸다는 뜻으로, 학문이나 도덕, 기예 등을 열심히 배우고 익혀 수련함을 비유적으로 이르는 말. **끊을 절切, 갈 차磋, 갈 마磨**

器
그릇 기

대기만성大器晩成 : 큰 그릇은 늦게 만들어진다. 남달리 뛰어난 큰 인물은 보통 사람보다 늦게 성공한다는 말. **큰 대大, 늦을 만晩, 이루어질 성成**

義
옳을 의

① 옳다, 바르다 ② 뜻

의병義兵 : 의로운 병사. 나라를 위해 스스로 일어난 군사. **군사 병兵**

의사義士 : 의리와 지조를 굳게 지키는 선비. **선비 사士**

독서백편의자현讀書百遍義自見 : 책을 백 번 두루(반복하여) 읽으면 뜻이 저절로 드러남. 어려운 글도 자꾸 되풀이하여 읽으면 그 뜻을 스스로 깨우쳐 알게 됨. **읽을 독讀, 글 서書, 일백 백百, 두루(처음부터 끝까지) 편遍, 저절로 자自, 나타날 현見**

太公曰 人生不學 如冥冥夜行
태 공 왈　인 생 불 학　여 명 명 야 행

➡ 태공이 말하기를 "사람이 배우지 아니하면 어둡고 어두운 밤 길을 가는 것과 같다."

핵심 한자 풀이

如
같을 여

여의如意 : 일이 뜻과 같이 됨. **뜻 의意**
여반장如反掌 : 손바닥을 뒤집는 것과 같다는 의미로 '일이 아주 쉬움'을 이르는 말. **뒤집을 반反, 손바닥 장掌**

冥
어두울 명

① 어둡다 ② 저승
명명冥冥 : 어두운 모양, 아득하고 캄캄한 모양.
명복冥福 : 죽은 뒤에 저승에서 받는 복. **복 복福**

Tip
夜行 야행 ┃ 밤길을 돌아다님
금의야행錦衣夜行 : 비단옷을 입고 밤길을 걸음. 아무 보람 없는 행동을 자랑스럽게 생각하는 어리석음. 쓸데없는 행동. **비단 금錦, 옷 의衣, 밤 야夜, 다닐 행行**
금의환향錦衣還鄉 : 비단옷을 입고 고향에 돌아옴. 성공하여 고향으로 돌아옴. **돌아올 환還, 고향 향鄉**

韓文公曰 人不通古今 馬牛而襟裾
한 문 공 왈　인 불 통 고 금　마 우 이 금 거

❶ ❺ ❹ ❷ ❸ ❶ ❷ ❸ ❹

《韓昌黎全集한창여전집》〈符讀書城南부독서성남〉

➡ 한문공이 말하기를 "사람이 옛날과 지금을 통하지 아니하면
　말이나 소에 옷을 입힌 것(과 같은 것)이니라."

핵심 한자 풀이

漢文公
한 문 공

이름은 유愈, 자는 퇴지退之이고 문文은 시호이다. 중
국 당나라와 송나라 때 활약한 여덟 명의 뛰어난 문장
가인 '당송팔대가唐宋八大家'의 한 사람으로 유종원과
함께 고문古文 부흥復興에 힘썼다.

通
통할 통

① 통하다 ② 내왕하다 ③ 알리다

통과通過 : 통하여 지나감. 제출된 원서가 허가됨. **지날 과過**

통근通勤 : 집에서 근무처에 일하러 다님. **일 근勤**

통첩通牒 : 공적인 문서로 알림. **공문서 첩牒**

今
오늘 금

동서고금東西古今 : 동양과 서양 옛날과 지금, 지역과 시간을 통
틀어 일컫는 말. **동양 동東, 서양 서西, 옛날 고古**

襟
옷깃 **금**

① 옷깃 ② 가슴(마음)

금대襟帶 : 옷깃과 띠. **띠 대帶**

흉금胸襟 : 가슴속의 심정. **가슴 흉胸**

裾
옷자락 **거**

소매

잠거簪裾 : 비녀와 옷자락이라는 뜻으로, 의관衣冠을 일컫는 말.
　비녀 잠簪

Tip

襟裾 **금거** | 옷 입게 함

朱文公曰　家若貧　不可因貧而廢
주 문 공 왈　가 약 빈　불 가 인 빈 이 폐

學　家若富　不可恃富而怠學　貧若
학　가 약 부　불 가 시 부 이 태 학　빈 약

勤學可以立身　富若勤學名乃光榮
근 학 가 이 입 신　부 약 근 학 명 내 광 영

惟見學者顯達　不見學者無成　學
유 견 학 자 현 달　불 견 학 자 무 성　학

者乃身之寶　學者乃世之珍　是故
자 내 신 지 보　학 자 내 세 지 진　시 고

學則乃爲君子　不學則小人　後之
학 즉 내 위 군 자　불 학 즉 소 인　후 지

學者各宜勉之
학 자 각 의 면 지

⬥ 주문공이 말하기를 "집이 만약 가난하더라도 가난함으로 인해 학문을 그만두어서는 안 되고, 집이 만약 부유하더라도 부유한 것을 믿고 학문을 게을리해서도 안 되는 것이다. 가난하더라도 만약 부지런히 공부하면 몸을 세을 수 있고 부자이면서 만약 열심히 공부하면 이름이 이내 빛나고 영화스러울 것이다. 오직 배운 사람이 높은 지위에 오른 것을 보았으며 배

215

운 사람에게 성공이 없음을 보지 못하였다. 배운다는 것은 이
내 몸의 보배가 되는 것이며 배운다는 것은 이내 세상의 보배
가 되는 것이다. 이런 까닭에 배운즉 군자가 되는 것이요, 배
우지 않은즉 소인이 되는 것이니, 훗날에 배우는 자는 각자 마
땅히 그것(배움)에 힘써야 되는 것이니라."

핵심 한자 풀이

若
만약 **약** ｜ ① 만약 ② 같다 ③ 너(2인칭 대명사)

貧
가난할 **빈** ｜ ① 가난하다 ② 모자라다

Tip 不可 **불가** ｜ 안 된다

廢
폐할 **폐** ｜ ① 폐하다 ② 못 쓰게 되다

富
넉넉할 **부** ｜ 부국강병富國强兵 : 나라를 부유하게 하고 군사력을 강하게 하
는 일. 굳셀 강强, 군사 병兵

恃
믿을 **시** ｜ 믿고 의지하다

怠
게으를 **태** ｜ 태만怠慢 : 게으름. 느림. 게으를 만慢
권태倦怠 : 게으름이나 싫증. 게으를 권倦
태업怠業 : 게으르게 일함. 노동자가 일부러 작업 능률을 저하시
켜서 사용자에게 손해를 주는 행위. 일 업業

榮
영화로울 **영**

① 영화롭다 ② 번영하다 ③ 명예

惟
오직 **유**

① 오직 ② 생각하다

유독惟獨 : 오직 홀로. **홀로 독獨**

사유思惟 : 생각함. 경험으로 알게 된 사실을 통하여 아직 경험
하지 않은 객관적 사실을 미루어 보는 능력. **생각 사思**

者
사람 **자**

① 사람 ② ~것

학자學者 : 배운 사람.

학자學者 : 배운다는 것.

顯
높아질 **현**

① 높다 ② 나타나다 ③ 돌아가신 부모나 조상에 대한 경칭

현저顯著 : 뚜렷이 나타남. **드러날 저著**

현달顯達 : 높은 지위에 오름. **통달할 달達**

현고顯考 : 신주나 축문에서 돌아가신 아버지를 이르는 말. **죽은
아버지 고考**

Tip 是故 **시고** ㅣ 이런 까닭으로

珍
보배 **진**

보배롭다

則
곧 **즉**

① 곧 ② 법칙(칙)

연즉然則 : 그러면. **그럴 연然**

규칙規則 : 사람의 행위나 사무 처리의 표준이 되는 지침. **법 규 規**

宜
마땅할 **의**

① 형편 좋다 ② 편리하다

의당宜當 : 마땅히 그러함. **당연할 당當**

편의便宜 : 여러 조건이 갖추어져 생활이나 일하는 데 편하고 좋
음. **마땅할 의宜**

勉
힘쓸 **면**

각고면려刻苦勉勵 : 뼈를 깎는 고통을 느끼며(고생을 무릅쓰고) 부지런히 힘써 노력함. 깎을 각刻, 고통 고苦, 힘쓸 려勵

면학勉學 : 학문에 힘씀. 학문 학學

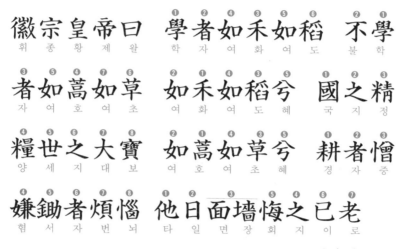

徽宗皇帝曰　❶學❷者❸如❹禾❺如❻稻　❷不❶學
휘 종 황 제 왈　　학 자 여 화 여 도　　불 학

❸者❺如❹蒿❼如❻草　❷如❶禾❹如❸稻❺兮　❶國❷之❸精
자 여 호 여 초　　여 화 여 도 혜　　국 지 정

❹糧❺世❻之❼大❽寶　❷如❶蒿❹如❸草❺兮　❶耕❷者❸憎
양 세 지 대 보　　여 호 여 초 혜　　경 자 증

❹嫌❺鋤❻者❼煩❽惱　❶他❷日❸面❹墻❺悔❻之❼已❽老
혐 서 자 번 뇌　　타 일 면 장 회 지 이 로

《增廣賢文증광현문》

▶ 휘종황제가 말하기를 "배운 사람은 낱알 같고 벼 같고, 배우지 않는 사람은 쑥 같고 풀 같도다. 낱알 같고 벼 같음이여 나라의 깨끗한 양식이며 세상의 커다란 보배이도다. 쑥 같고 풀 같음이여 밭을 가는 자가 미워하고 싫어하며 김을 매는 자가 담담해하고 괴로워한다. 다른 날에 식견이 좁음을 느껴 그것을 후회하나 이미 늙었도다."

핵심 한자 풀이

徽宗皇帝 휘 종 황 제	중국 북송의 제8대 임금으로, 신종의 11째 아들 조길. 글씨나 그림에 조예가 깊었으며 학문에도 관심이 많아 학문을 장려하였다.

219

禾
벼 화

화묘禾苗 : 옮겨 심기 위하여 기른 벼의 싹. 싹 묘苗

稻
나락 도

도작稻作 : 벼농사. 지을 작作

입도선매立稻先賣 : 논에서 자라고 있는 벼를 미리 팖. 설 립立,
먼저 선先, 팔 매賣

蒿
쑥 호

백호白蒿 : 산흰쑥. 국화과의 두해살이 풀.

草
풀 초

① 풀 ② 기초 잡다 ③ 시작하다

초개草芥 : 풀과 먼지. 아무 소용이 없거나 하찮은 것을 비유하
는 말. 먼지 개芥

초안草案 : 안건을 기초함. 생각 안案

초창기草創期 : 사업을 처음으로 일으켜 시작한 시기. 비롯할 창
創, 기간 기期

兮
어조사 혜

강조, 감탄을 나타내는 어조사

精
깨끗할 정

① 깨끗하다 ② 정기 ③ 정성스럽다 ④ 세밀하다

정화精華 : 깨끗하고 매우 순수함. 꽃 화華

정기精氣 : 만물이 생성하는 원기. 기운 기氣

정성精誠 : 참되고 성실한 마음. 정성 성誠

정밀精密 : 가늘고 촘촘함. 깊숙할 밀密

糧
양식 양

식량난食糧難 : 먹을 것이 부족하여 생기는 어려움. 먹을 식食, 어
려울 난難

耕
밭갈 경

① 밭 갈다 ② 생계 꾸리다

경작耕作 : 땅을 갈아서 농작물을 심음. 지을 작作

필경筆耕 : 글씨 쓰는 일로 생계를 꾸림, 직업으로 글씨 쓰는 일.

글 쓸 筆

憎
미워할 증

애증愛憎 : 사랑과 미움. **사랑 애愛**

嫌
싫어할 혐

혐오감嫌惡感 : 싫어하고 미워하는 감정感情. **미워할 오惡, 느낄 감感**

鋤
김맬 서

경전서후耕前鋤後 : 남편은 앞에서 밭 갈고 아내는 뒤에서 김을 맨다. **밭갈 경耕**

煩
답답할 번

① 답답하다 ② 번거롭다
번민煩悶 : 번거롭고 답답하여 괴로워함. **마음 아플 민悶**
번잡煩雜 : 번거롭고 복잡함. **섞일 잡雜**

惱
괴로워할 뇌

고뇌苦惱 : 정신적 아픔과 괴로움에 시달림. **아플 고苦**

面
대할 면

① 대하다 ② 얼굴 ③ 표면
면접面接 : 직접 대면함. **사귈 접接**
면목面目 : 체면 또는 명예. **눈 목目**
지면紙面 : 기사나 글이 실린 종이의 면. **종이 지紙**

墻
담 장

장유이墻有耳 : 담에도 귀가 있다는 의미로, 비밀은 누설되기 쉽다는 말. **있을 유有, 귀 이耳**

Tip
面墻 **면장** | 울타리를 대한다는 뜻으로 앞날을 내다보지 못함, 식견이 좁음을 비유한 말

悔
뉘우칠 회

회개悔改 : 잘못을 뉘우치고 고침. **고칠 개改**
참회懺悔 : 깊이 잘못을 뉘우침. **뉘우칠 참懺**

221

已
이미 **이**

이왕근往 : 이미 지나간 일. 오래전. **갈 왕往**

老
늙을 **노**

① 늙다 ② 익숙하다 ③ 어른

노인老人 : 늙은이.

노련老鍊 : 오랜 경험을 쌓아 익숙하고 능란함. **단련할 련鍊**

원로元老 : 어떤 일에 오래 종사하여 경험과 공로가 많은 어른.

　　으뜸 원元

論語曰 學如不及 惟恐失之
논 어 왈 학 여 불 급 유 공 실 지

《論語논어》〈泰伯태백〉편 17장

➡ 논어에 이르기를 '배우기를 미치지 못한 것처럼 하고, 오직 그것(배운 것)을 잃을까 두려워해야 한다.'

핵심 한자 풀이

論語
논어
공자가 죽은 뒤에 제자들이 각자 기억하고 있던 스승의 말이나 행동을 기록한 책. 제자들이 공자의 말語을 논論하여 기록하였다 해서 '논어論語'라 이름 붙였다고 한다. 《맹자孟子》,《중용中庸》,《대학大學》과 함께 '사서四書'로 불린다.

及
미칠 급

급제及第 : 시험이나 검사에 합격됨. **시험 제第**
보급普及 : 널리 퍼뜨려 실행되게 함. **널리 보普**
언급言及 : 어떤 문제에 대해서 말함. **말 언言**

恐
두려울 공

① 두려워하다 ② 협박하다
공수병恐水病 : 물을 두려워하는 병
공포恐怖 : 두려움과 무서움. **두려워할 포怖**
공갈恐喝 : 남의 약점이나 비밀 따위를 이용하여 협박하고 윽박지르며 을러댐. **꾸짖을 갈喝**

失

잃을 실

① 잃다 ② 그르치다, 잘못하다

실격失格 : 자격을 잃음. **자격 격格**

실언失言 : 실수로 말을 잘못함

손실損失 : 감소하거나 잃어버려 입은 손해. **덜 손損**

상실喪失 : 기억, 정신, 자격, 권리 따위를 잃어버림. **죽을 상喪**

실망失望 : 바라는 대로 되지 않거나 기대에 어긋나서 마음이 상
함. **바랄 망望**

之

그것 지

① 그것(대명사) ② ~의 ③ ~이 ④ 가다

역지사지易地思之 : 입장을 바꾸어서 그것을 생각함. **바꿀 역易,
처지 지地, 생각 사思, 그것 지之**

해설

공부를 열심히 하라고 강조한 말인데, 목표에 이르렀다는 생
각이 들어도 목표에 이르려고 애쓰는 것처럼 공부하고 이미
알게 된 내용이라 하더라도 그것을 잃어버릴까 두려워하는 마
음으로 복습해야 한다는 말이다.

訓子
훈   자

訓 子

가르칠 훈 **자녀 자**

- 자녀를 올바르게 가르침.
- 자녀를 올바르게 가르침은 인간으로서의 의무이다.
- 물질적 풍요보다 더 중요한 것이 자녀 교육이고 가르칠 때에 올바른 방법을 택하여서 가르쳐야 한다.

漢書云　黃金滿籯不如敎子一經
한 서 운　황 금 만 영 불 여 교 자 일 경

賜子千金不如敎子一藝
사 자 천 금 불 여 교 자 일 예

《漢書한서》〈韋賢傳위현전〉

⟹ 한서에 이르기를 '황금이 바구니에 가득 차 있다 하더라도 자식에게 한 권의 경서를 가르치는 것만 같지 못하고, 자식에게 천금을 주는 일도 자식에게 한 가지 재주를 가르치는 것만 같지 못하느니라.'

핵심 한자 풀이

> 漢書
> 한 서
>
> 전한前漢 299년간의 역사를 기록한 100권짜리 책. 후한의 사관史官인 반표班彪가 기록을 시작하여 아들 반고班固가 이었고, 반고의 누이인 반소班昭가 마무리하였다고 한다.

滿
가득 찰 **만**

① 가득 차다 ② 풍족하다
만원滿員 : 정원이 다 참. **사람 원員**
만끽滿喫 : 마음껏 먹고 마심. 욕망을 충분히 만족시킴. **먹을 끽喫**

籯
바구니 **영**

經
경서 경

① 경서 ② 날(세로) ③ 떳떳함 ④ 지내다 ⑤ 다스리다

경전經典 : 종교의 교리를 적은 글. **책 전典**

경위經緯 : 날과 씨. 경선과 위선. **가로 위緯**

경상經常 : 언제나 일정하여 변동이 없음. **항상 상常**

경험經驗 : 지내면서 실제로 보고 듣고 느낌. **효능 험驗**

경영經營 : 규모를 정하고 기초를 세워 다스려 나감. **다스릴 영營**

賜
줄 사

① 주다 ② 내리다 ③ 하사하다

사액賜額 : 임금이 사당祠堂, 서원書院 등에 이름을 지어 줌. **현판 액額**

사약賜藥 : 임금이 처형해야 할 신하에게 독약을 내려 죽게 함. **약 약藥**

하사下賜 : 높은 사람이 낮은 사람에게 물품을 주는 일. **내릴 하下**

藝
재주 예

① 재주 ② 기술

예능藝能 : 재주와 기능. 연극 · 영화 · 무용의 총칭. **기능 능能**

기예技藝 : 기술상의 재주. **재주 기技**

至樂莫如讀書　至要莫如敎子
지 락 막 여 독 서　지 요 막 여 교 자

➡ 지극한 즐거움은 책을 읽는 것만 같은 것이 없고, 지극히 중요한 것은 자식을 가르치는 것만 같은 것이 없다.

핵심 한자 풀이

至
지극할 지
① 지극하다 ② 다다르다
지상명령至上命令 : 지극히 위에 있는 가장 중요한 명령.
지우금至于今 : 예로부터 지금에 이르기까지.

樂
즐거울 락
① 즐겁다 ② 풍류 **악** ③ 좋아할 **요**

莫
없을 막
① 없다 ② 아니다

如
같은 여
① 같다 ② 어찌 ③ 만일

要
중요할 요
① 중요하다 ② 반드시 ③ 요약하다

해설
자식을 가르치되 직접 가르치는 것은 문제가 있을 수 있음을 아는 지혜가 필요하다. 공자의 제자인 진항陳亢이 공자의 아들인 백어伯魚에게 물었다. "당신은 선생님께 남다른 가르침을 받은 바가 있겠지요?" 그러자 백어가 대답하였다. "없습니다. 언젠가 마당을 지나가는데 아버지께서 시경詩經을 배웠느냐고 묻기에 아직 배우지 못하였다고 하였더니 '시경을 배우지 않으면 남과 더불어 말할 수 없다.' 하셨습니다. 그래서 시경을 공부하였습니다. 어느 날, 예禮를 배웠느냐고 묻기에 아직 배우지 못하였다고 하였더니 '예를 배우지 않으면 남 앞에 설 수가 없다.' 하셨습니다. 그래서 예를 공부하였습니다. 제가 남달리 받은 가르침이라곤 이 두 마디뿐입니다." 그러자 진항이 기뻐하면서 말하였다. "나는 하나를 물어 세 가지를 알았다. 시를 알았고 예를 알았으며 군자는 자기 아들도 멀리한다는 것을 알았다."

　맹자孟子는 남의 자식과 바꾸어서 가르치라고 하였다. 제자인 공손추가 맹자에게 아들을 직접 가르치지 않는 까닭을 묻자, 맹자는 다음과 같이 대답하였다고 한다. "그렇게 되지 않기 때문이다. 아버지가 올바른 도리를 가르쳤는데 아들이 올바른 도리를 행하지 못하면 화가 나게 된다. 올바른 도리를 가르치고 나서 화를 내게 되면 부자 관계가 나빠진다. '아버지께서 나에게 올바른 도리를 가르치고서 화를 내는 것은 올바른 도리에서 나온 것이 아니다'라고 생각하게 되면 부자 사이의 관계가 나빠지게 되는 것이다. 그래서 옛날부터 자식을 바꾸어서 가르쳤다. 부자父子 사이에는 잘하라고 책망하지 않는 법이다. 잘하라고 책망하면 사이가 멀어지고 사이가 멀어지는 것보다 큰 불행은 없기 때문이다."

呂榮公曰　內無賢父兄外無嚴師友
여 형 공 왈　내 무 현 부 형 외 무 엄 사 우

而能有成者鮮矣
이 능 유 성 자 선 의

➡ 여형공이 말하기를 "안으로 어진 아버지와 형이 없고 밖으로 엄한 스승과 친구가 없으면서도 그런데 능히 성공이 있는 자는 드무니라."

핵심 한자 풀이

呂榮公
여 형 공

중국 북송 때의 학자. 북송北宋의 명신名臣으로 이름은 여희철呂希哲, 자字는 원명原明이다. 여공저呂公著의 아들로 영양군공榮陽郡公에 봉해졌으며 저서著書로는 《여씨잡기呂氏雜記》가 있다.

嚴
엄할 엄

엄금嚴禁 : 엄중하게 금지함. **금할 금禁**

계엄戒嚴 : 경계를 엄중히 함. 전시나 사변 등 국가의 비상사태가 일어났을 때 일정 지역을 병력으로써 경계하며 그 지역의 사법권과 행정권을 계엄사령관이 관할하는 일. **경계할 계戒**

師
스승 사

① 스승 ② 군대 ③ 전문가

사표師表 : 학식과 인격이 높아 남의 모범이 될 만한 사람. **나타낼 표表**

출사出師 : 군대를 어떤 곳으로 내어보냄. **내보낼 출出**

기사技師 : 전문 지식을 요하는 특별한 기술을 맡아보는 사람.
재주 기技

能
능할 능

① 능통하다 ② 재능

鮮
드물 선

① 드물다 ② 깨끗하다 ③ 생선 ④ 새롭다

선소鮮少 : 드물고 적음. 얼마 안 됨. **적을 소少**

선명鮮明 : 산뜻하고 분명함. **밝을 명明**

생선生鮮 : 잡은 그대로의 물고기. **살 생生**

선혈鮮血 : 새로운(상하지 않은) 피. **피 혈血**

矣
어조사 의

~이다

> **해설**
>
> 가까이에 어진 부모님과 형제와 엄한 스승과 친구가 있음을
> 항상 감사하게 생각해야 한다.

嚴父出孝子 嚴母出孝女
엄 부 출 효 자　엄 모 출 효 녀

➡ 엄한 아버지는 효자를 길러 내고 엄한 어머니는 효녀를 길러
낸다.

핵심 한자 풀이

嚴
엄할 **엄**

엄격嚴格 : 말이나 태도 규칙 등이 바르고 철저함. **격식 격格**
관엄寬嚴 : 너그러우면서 엄격함. **너그러울 관 寬**

出
길러낼 **출**

① 길러 내다 ② 낳다 ③ 떠나다 ④ 뛰어나다 ⑤ 나타내다
출사出仕 : 벼슬아치로 길러 냄. 벼슬하여 관직에 나아감. **벼슬할
사仕**
출산出産 : 아기를 낳음. **낳을 산産**
출가出嫁 : 처녀가 시집을 감. **시집갈 가嫁**
출중出衆 : 뭇사람 속에서 뛰어남. **무리 중衆**
노출露出 : 밖으로 드러나거나 나타냄. **드러낼 노露**

憐兒多與棒 憎兒多與食
연 아 다 여 봉　　증 아 다 여 식

➡ 아이를 사랑하거든 매를 많이 주고, 아이를 미워하거든 밥을 많이 주어라.

핵심 한자 풀이

憐
사랑할 **련**

① 사랑하다 ② 불쌍히 여기다

애련愛憐 : 어리거나 약한 사람을 도탑게 사랑함. **사랑 애愛**

연민憐憫 : 불쌍하고 딱함. **불쌍히 여길 민憫**

兒
아이 **아**

① 아이 ② 아들

아동兒童 : 어린이. **아이 동童**

돈아豚兒 : 돼지처럼 어리석고 철이 없는 아이라는 뜻으로, 남에게 자기 아들을 낮추어 이르는 말. **돼지 돈豚**

與
줄 **여**

① 주다 ② 함께하다

수여授與 : 증서 상품 따위를 줌. **줄 수授**

여민동락與民同樂 : 백성과 더불어 함께 즐김.

棒
몽둥이 **봉**

곤봉棍棒 : 나무 방망이. **몽둥이 곤棍**

여의봉如意棒 : 뜻과 같이 되는 몽둥이. 자기 뜻대로 늘어났다가 줄어들었다 하여, 마음먹은 대로 쓸 수 있다고 전해지는 막대

기. 같을 여如, 뜻 의意

憎
미워할 **증**

애증愛憎 : 사랑함과 미워함.

食
밥 **식**

① 음식 ② 먹다 ③ 양식 ④ 밥 사

식무구포食無求飽 : 먹음에 있어 배부름을 구하지 않는다. **구할 구求, 배부를 포飽**

식복食福 : 먹을 복. **복 복福**

식비食費 : 먹는 데 드는 돈. **비용 비費**

양식糧食 : 사람이 생존하기 위하여 필요한 먹을거리. **먹이 량食**

단사표음簞食瓢飮 : 도시락에 담긴 밥과 표주박에 든 물이라는 뜻으로, 청빈하고 소박한 생활을 비유적으로 이르는 말. **대광 주리 단簞, 표주박 표瓢, 마실 음飮**

省 心

살필 성 마음 심

省 心 ───────────

성   심

- 마음을 돌이켜 살펴본다.
- 자신의 마음을 살펴보는 일을 게을리해서는 안 된다.
- 항상 자신의 마음을 살펴서 나쁜 마음을 품지 않으려는 노력을 해야 하고, 충효를 중시하고
  불의를 멀리하며 자신을 절제하고 감사하는 마음을 가지려고 노력하여야 한다.

家和貧也好 不義富如何 但存一
가 화 빈 야 호 　 불 의 부 여 하 　 단 존 일

子孝 何用子孫多
자 효 　 하 용 자 손 다

《名賢集명현집》

⬭ 집안이 화목하면 가난해도 좋거니와 의롭지 않다면 부자인들
무엇 하겠는가? 다만 한 자식이라도 있어 효도한다면 좋은 것
이지 자손 많은 것을 무엇에 쓰리오?

핵심 한자 풀이

和
화목할 **화**

① 화목하다 ② 온화하다 ③ 화해하다 ④ 합치다 ⑤ 답하다
화목和睦 : 서로 뜻이 맞고 정다움. **화목할 목睦**
화기和氣 : 온화한 기색.
화해和解 : 다툼질을 그치고 좋은 사이가 됨. **풀 해解**
총화總和 : 전체의 화합. 전체의 수나 양을 합친 것. **화합할 화和**
화답和答 : 시가詩歌에 응하여 대답함. **대답할 답答**

貧
가난할 **빈**

① 가난하다 ② 모자라다
빈부貧富 : 빈궁貧窮과 부유富有함. **넉넉할 부富**
빈혈貧血 : 몸속의 혈액이 일정량보다 모자라는 상태. **가난할 빈貧**

Tip 如何 여하 ㅣ 무엇하리요?

但
다만 **단**

단지但只 : 다른 것이 아니라 오로지. 다만 **지只**

비단非但 : '다만', '오직'의 뜻을 나타내는 말. 아닐 **비非**

단서但書 : 본문의 다음에 그에 대한 어떤 조건이나 예외를 덧붙여 쓴 글. 글 **서書**

Tip 何用 하용 ㅣ 무엇에 쓰리오

多
많을 **다**

다기망양多岐亡羊 : 많은 갈림길 때문에 양을 잃어버리고 말았다는 의미로, 학문의 어려움을 비유한 말. 갈림길 **기岐**, 잃을 **망亡**, 양 **양羊**

다다익선多多益善 : 많으면 많을수록 더욱 좋음. 더욱 **익益**, 좋을 **선善**

既取非常樂 須防不測憂
기 취 비 상 락 　 수 방 불 측 우

○ 이미 보통이 아닌 즐거움을 취했다면, 모름지기 헤아릴 수 없는 근심을 막을 수 있어야 한다.

핵심 한자 풀이

既
이미 기

기왕불구既往不咎 : 이미 지나간 일은 탓하지 않음. **갈 왕往, 탓할 구咎**

기득권既得權 : 이미 얻은 권리, 특정한 사람 또는 법인이 정당한 절차를 밟아 법규로 얻은 권리. **얻을 득得, 권리 권權**

取
취할 취

취사선택取捨選擇 : 취할 것과 버릴 것을 골라잡음. **버릴 사捨, 가릴 선選, 고를 택擇**

 非常 비상 ∣ 보통이 아님. 뜻밖의 긴급 사태. 매우 뛰어남

樂
즐거울 락

낙관樂觀 : 앞날의 일을 희망적으로 생각함. 인생과 세상의 일을 좋고 희망적인 것으로 생각함. **생각 관觀**

須
모름지기 **수**

① 요긴하다 ② 잠깐

필수必須 : 꼭 필요함. 없어서는 아니 됨. **반드시 필必**

수유須臾 : 잠시. 잠시 동안. **잠깐 유臾**

防
막을 **방**

예방豫防 : 미리 막음. **미리 예豫**

방한복防寒服 : 추위를 막는 옷. **차가울 한寒, 옷 복服**

방파제防波堤 : 바다의 거친 파도를 막기 위해 만든 둑. **파도 파波, 둑 제堤**

測
측량할 **측**

① 측량하다 ② 헤아리다 ③ 알다

측량測量 : 물건의 넓이 · 깊이 · 높이 등을 재서 계산함. **헤아릴 량量**

측우기測雨器 : 비 내린 양을 측정하는 기구. **비 우雨, 기구 기器**

추측推測 : 미루어 생각하여 헤아리거나 어림을 잡음. **미루어 헤아릴 추推**

憂
근심 **우**

내우외환內憂外患 : 안으로도 근심이 있고 밖으로도 근심거리가 있음. **근심 환患**

우수憂愁 : 마음이나 분위기가 근심이 많은 상태. **근심 수愁**

해설

기쁨이 있으면 근심도 있는 법이니, 불행에 대비하는 현명함이 있어야 한다.

239

得寵思辱 居安思危
② ① ④ ③　　② ① ④ ③
득 총 사 욕　　거 안 사 위

《左前좌전》〈襄公양공〉

➡ 사랑을 얻거든 욕됨을 생각하고, 편안함에 살거든 위태함을 생각해야 한다.

핵심 한자 풀이

得
얻을 득

① 얻다 ② 깨닫다 ③ 만족하다
득세得勢 : 세력을 얻음. **세력 세勢**
터득攄得 : 경험을 쌓거나 연구를 하여 깨달음. **펼 터攄**
득의得意 : 뜻대로 되어 만족하게 여김. **뜻 의意**
득롱망촉得隴望蜀 : 농隴나라를 얻은 뒤에 다시 촉蜀나라를 바라보다. 사람의 욕심은 한이 없다는 의미. **바랄 망望**

寵
사랑할 총

총애寵愛 : 특별히 귀엽게 여겨 사랑함. **사랑 애愛**

辱
욕될 욕

영욕榮辱 : 영예榮譽와 치욕恥辱. **꽃필 영榮**
치욕恥辱 : 수치와 모욕. **부끄러울 치恥**

居
살 거

거실居室 : 가족들이 함께 생활하는 공간. **방 실室**
동거同居 : 한집이나 한방에서 같이 생활함. **한 가지 동同**

慮
생각 려

① 생각 ② 염려

고려考慮 : 생각하여 헤아림. **곰곰이 생각할 고考**

우려憂慮 : 근심과 걱정. **근심할 려慮**

危
위태로울 위

① 위태롭다 ② 두려워하다 ③ 높다

위급危急 : 위태롭고 급함. **급할 급急**

위구危懼 : 두려움. 두려워함. **두려워할 구懼**

위루危樓 : 매우 높은 누각. **집 루樓**

사랑받고 편안할 때 더더욱 몸가짐을 삼가고 조심해야 한다는 말이다.

榮輕辱淺 利重害深
영 경 욕 천　이 중 해 심

➡ 영화로움이 가벼우면 욕됨도 얇고, 이로움이 무거우면(크면) 해로움도 깊으니라(심해지느니라).

핵심 한자 풀이

榮
영화로울 영

① 영화롭다 ② 성하다 ③ 명예
영화榮華 : 몸이 귀하게 되어서 이름이 남. 꽃필 화華
번영繁榮 : 번성하고 영화로움. 많을 번繁
영광榮光 : 빛나는 명예. 빛날 광光

輕
가벼울 경

① 가볍다 ② 가벼이 여기다 ③ 경솔하다
경중輕重 : 가벼움과 무거움. 무거울 중重
경멸輕蔑 : 깔보고 업신여김. 업신여길 멸蔑
경솔輕率 : 언행이 진중하지 못하고 가벼움. 경솔할 솔率

辱
욕 욕

욕되다, 욕보이다, 더럽히다

淺
낮을 천

① 낮다 ② 얕다
천학淺學 : 얕은 학문, 자기의 학식에 대한 겸칭. 학문 학學
천작淺酌 : 술을 조금 마심. 조그마한 술잔치. 따를 작酌
천박淺薄 : 학문學問이나 생각이 얕음. 엷을 박薄

利
이익 **이**

① 이익 ② 날카롭다 ③ 이자 ④ 이기다

사리私利 : 사사로운 이익. **사사로울 사私**

예리銳利 : 연장 따위가 날카로움. 판단이 날카롭고 정확함. **날카로울 예銳**

이율利率 : 원금元金에 대한 이자의 비율. **비율 율率**

승리勝利 : 겨루어서 이김. **이길 승勝**

重
무거울 **중**

① 무겁다 ② 심하다 ③ 무게 ④ 겹치다

중후重厚 : 태도가 진중하고 심덕이 두터움. **두터울 후厚**

중상重傷 : 심하게 다침. **다칠 상傷**

중량重量 : 무게. **헤아릴 량量**

중복重複 : 거듭함. 겹침. **겹칠 복複**

害
해로울 **해**

① 해치다 ② 손해 ③ 방해하다

살해殺害 : 남의 생명을 해침. **죽일 살殺**

가해加害 : 남에게 손해를 더해 줌. **더할 가加**

방해妨害 : 남의 일에 해살을 놓아서 손해를 끼침. **방해할 방妨**

辱
욕 **욕**

곤욕困辱 : 참기 힘든 심한 모욕. **괴로울 곤困**

굴욕屈辱 : 억눌려 업신여김이나 모욕을 받음. **굽힐 굴屈**

深
깊을 **심**

① 깊이 ② 짙다

심원深遠 : 깊고 멀다. 내용이 쉽게 헤아릴 수 없게 웅숭깊음. **멀 원遠**

수심水深 : 물의 깊이. **깊을 심深**

심록深綠 : 짙은 초록빛. **초록빛 록綠**

省心 05　　　심한 사랑은 심한 상실을 가져오고

❶甚 ❷愛 ❸必 ❹甚 ❺費　❶甚 ❷譽 ❸必 ❹甚 ❺毀　❶甚 ❷喜 ❸必
심 애 필 심 비　　심 예 필 심 훼　　심 희 필

❹甚 ❺憂　❶甚 ❷賕 ❸必 ❹甚 ❺亡
심 우　　심 장 필 심 망

《道德經도덕경》 44장

⟹ 심한 사랑은 반드시 심한 소비를 가져오고, 심한 칭찬은 반드시 심한 헐뜯음을 가져온다. 심한 기쁨은 반드시 심한 근심을 가져오고, 심한 뇌물은 반드시 심한 멸망을 가져온다.

핵심 한자 풀이

甚
심할 심

심난甚難 : 매우 어려움. 어려울 난難

愛
사랑 애

애별리고愛別離苦 : 사랑하는 사람과 헤어지는 고통. 헤어질 별別, 떠날 리離, 괴로워할 고苦

애호愛護 : 사랑하여 보호함. 보호할 호護

必
반드시 필

필요必要 : 꼭 소용되는 바가 있음. 원할 요要

필연必然 : 반드시 그렇게 될 수밖에 없는 것. 그럴 연然

費
허비할 비

① 소비하다 ② 비용
낭비浪費 : 금전을 필요 이상으로 허투로 소비함. **삼가지 아니할 낭浪**
여비旅費 : 여행에 드는 비용. **여행 여旅**

譽
칭찬할 예

① 명예 ② 칭찬하다
명예名譽 : 세상에서 훌륭하다고 일컬어지는 이름. **이름 명名**
훼예毀譽 : 남을 비방함과 칭찬함

毁
헐뜯을 훼

① 헐뜯다 ② 헐다
훼방毀謗 : 헐뜯어 비방함. **비방할 방謗**
훼손毀損 : 체면이나 명예를 손상함. **손상할 손損**

喜
기쁠 희

환희歡喜 : 즐겁고 기쁨. **즐거울 환歡**
희열喜悅 : 욕구가 충족되었을 때 느끼는 지극한 기쁨. **기쁠 열悅**

贓
뇌물 받을 장

장리贓吏 : 부정한 수단으로 재물을 취득한 관리. **벼슬아치 리吏**
장물贓物 : 뇌물 도둑질 따위의 부정한 수단으로 얻은 재물. **물건 물物**

亡
망할 망

망양보뢰亡羊補牢 : 양을 잃고 우리를 고친다는 의미로, 이미 일을 그르친 뒤에 뉘우치는 것은 소용없다는 말. 소 잃고 외양간 고치기. **양 양羊, 보수할 보補, 우리 뢰牢**

해설

지나침은 미치지 아니함과 같다는 과유불급過猶不及, 굽은 것을 바로잡으려다가 곧음이 지나쳐 오히려 나쁘게 된다는 교왕과직矯枉過直과 같은 의미라 할 수 있다.

子曰 不觀高崖 何以知顛墜之患
자왈 불관고애 하이지전추지환

不臨深淵 何以知沒溺之患 不觀
불임심연 하이지몰닉지환 불관

巨海 何以知風波之患
거해 하이지풍파지환

《孔子家語공자가어》卷五권5

⬇ 공자가 말하기를 "높은 낭떠러지를 보지 않고서 어떻게 굴러 떨어지는 근심을 알며, 깊은 연못에 다다르지 않고서 어떻게 빠지는 근심을 알며, 큰 바다를 보지 아니하고서 어떻게 바람 불고 파도치는 근심을 알겠는가?"

핵심 한자 풀이

觀
볼 관

① 보다 ② 생각 ③ 경치
관찰觀察 : 사물의 있는 그대로의 현상을 주의 깊게 살펴봄. **살 필 察**
관점觀點 : 사물을 관찰할 때 그 사람이 생각하는 입장. **점 點**
미관美觀 : 아름다운 볼품. **아름다울 美**

崖
낭떠러지 애

고애高崖 : 높은 낭떠러지. **높을 高**
단애斷崖 : 낭떠러지. **끊을 斷**

顛
구를 전

① 구르다 ② 꼭대기 ③ 처음 ④ 넘어지다
전락顛落 : 굴러 떨어짐. **떨어질 락落**
산전山顛 : 산꼭대기. **산 산山**
전말顛末 : 일의 처음과 끝. **끝 말末**
전도顛倒 : 넘어짐. 거꾸로 됨. **거꾸로 도倒**

墜
떨어질 추

실추失墜 : 명예 등을 잃거나 떨어뜨림. **잃을 실失**
격추擊墜 : 비행기 등을 쏘아 떨어뜨림. **칠 격擊**

患
근심 환

우환憂患 : 좋지 않은 일이나 아픈 사람 때문에 생기는 걱정 근심. **근심 우憂**

臨
임할 임

임전무퇴臨戰無退 : 싸움에 임하여 물러남이 없음. **싸움 전戰, 물러날 퇴退**
임종臨終 : 죽음에 다다름. 부모가 돌아가실 때 모시고 있음. **끝날 종終**

淵
연못 연

심연深淵 : 깊은 연못. 빠져나오기 어려운 곤욕이나 상황. **깊을 심深**

沒
빠질 몰

① 빠지다 ② 다하다 ③ 죽다 ④ 빼앗다 ⑤ 없다
침몰沈沒 : 물에 빠져 가라앉음. **잠길 침沈**
몰락沒落 : 멸망함. 살림이 보잘것없이 됨. **떨어질 락落**
생몰生沒 : 태어남과 죽음. **날 생生**
몰수沒收 : 빼앗아 거두어들임. **거둘 수收**
몰인정沒人情 : 인정이 아주 없음. **사람 인人, 정 정情**

溺
빠질 닉

익사溺死 : 물에 빠져 죽음. 죽을 사死
탐닉耽溺 : 어떤 일을 지나치게 즐겨 거기에 빠짐. 즐길 탐耽

巨
클 거

거물巨物 : 큰 인물이나 물건. 만물 물物
거장巨匠 : 문학, 예술, 과학, 기술 등의 분야에서 특히 뛰어난 사람. 기술자 장匠
거성巨星 : 큰 별. 위대한 사람. 별 성星

❸❷❶　❶❸❷
欲知未來　先察已然
욕　지　미　래　　선　찰　이　연

➡ 미래를 알고자 욕심내면 먼저 지나간 일을 살펴라.

핵심 한자 풀이

欲
하고자 할 **욕**
① 하고자 하다 ② 욕심
의욕적意欲的 : 하려는 마음이 아주 강하고 적극적임. **의지 의意**
욕속부달欲速不達 : 빨리 하려고 욕심내면 도리어 도달할 수 없음. **빠를 속速, 다다를 달達**

知
알 **지**
지기知己 : 지기지우知己之友의 준말로 자기의 마음이나 참된 가치를 알아주는 사람을 일컫는 말. **자기 기己**
양지諒知 : 살피어 앎. **살필 량諒**

Tip 未來 미래 ㅣ 현재를 기준하여 아직 다가오지 않은 때

先
먼저 **선**
선입지어先入之語 : 먼저 들어온 말. 먼저 들어온 이야기만 인정하고 나중 들은 이야기는 거부하려는 마음을 일컫는 말.
선우후락先憂後樂 : 근심되는 일은 남보다 앞서 근심하고, 즐길 일은 남보다 나중에 즐긴다. 나라를 위한 충신의 깊은 마음. **근심할 우憂, 뒤 후後, 즐길 락樂**
선공후사先公後私 : 먼저 공적인 일을 하고 나중에 개인적인 일

을 함. **공적 일 공公, 사적 일 사私**

선견지명先見之明 : 닥쳐올 일을 미리 보는(아는) 슬기로움.

 察
살필 찰

시찰視察 : 돌아다니며 실지의 사정을 자세히 살펴봄. **볼 시視**

진찰診察 : 의사가 여러 수단을 써서 병의 유무나 중세 따위를
　　살피는 일. **진찰할 진診**

 已然 **이연** | 이미 지나간 일

 같은 이치로 지나간 역사를 공부하는 것도 단순히 과거를 아
는 차원을 넘어 더 나은 미래를 준비하기 위해서이다. 역사는
반복되는 것이기 때문이다.

過去事如明鏡　未來事暗似漆
과 거 사 여 명 경　미 래 사 암 사 칠

➡ 과거의 일은 밝기가 거울과 같고, 미래의 일은 어둡기가 옻칠과 같다.

핵심 한자 풀이

過
지날 **과**

① 지나다 ② 지나치다 ③ 허물 ④ 건너다

과도過渡 : 한 현상에서 다른 현상으로 넘어감. **건널 도渡**

과로過勞 : 지나치게 일을 함. **일 로勞**

과실過失 : 잘못. 허물. **잘못 실失**

과정過程 : 일이 되어 가는 경로. **일 정程**

去
갈 **거**

① 가다 ② 버리다

과거過去 : 지나간 때. **지날 과過**

제거除去 : 덜어 내어 떨어 버림. **덜 제除**

事
일 **사**

① 일 ② 섬기다

경사慶事 : 축하할 만한 기쁜 일. **경사 경慶**

사대事大 : 큰 것을 섬긴다는 의미로 약자가 강자를 섬김. 작은 나라가 큰 나라를 섬김을 이르는 말. **큰 나라 대大**

明
밝을 **명**

명약관화明若觀火 : 밝기가 불을 보는 것과 같음. **같을 약若, 볼 관觀. 불 화火**

鏡
거울 **경**

명경지수明鏡止水 : 맑은 거울과 멈추어 있는 물처럼 잡념과 허욕이 없는 깨끗한 마음. **밝을 명明, 멈출 지止, 물 수水**

暗
어두울 **암**

① 어둡다 ② 흐리다 ③ 가만히 ④ 외다

암흑暗黑 : 캄캄함. 희망을 가질 수 없는 상태를 비유하는 말. **검을 흑黑**

암담暗澹 : 흐릿하고 조용함. 희망이 없고 막연함. **조용할 담澹**

암시暗示 : 넌지시 깨우쳐 줌. **보일 시示**

암산暗算 : 머릿속으로 외우면서 계산함. **셀 산算**

似
같을 **사**

사이비似而非 : 겉으로는 같아 보이나 실제로는 다름. **그러나 이而, 아닐 비非**

漆
옻칠할 **칠**

칠판漆板 : 분필로 글씨를 쓸 수 있도록 검은 칠 등을 하여 만든 널조각. **널빤지 판板**

칠흑漆黑 : 옻칠을 한 것처럼 검고 광택이 있음. **검을 흑黑**

天有不測風雨 人有朝夕禍福
천 유 불 측 풍 우　　　인 유 조 석 화 복

➡ 하늘에는 예측할 수 없는 바람과 비가 있고, 사람에게는 아침
　과 저녁으로 재앙과 복이 있다.

핵심 한자 풀이

測
예측할 측

① 헤아리다 ② 알다
측량測量 : 물건의 넓이·깊이 등을 재서 계산함. 생각하여 헤아
　림. 헤아릴 량量
추측推測 : 미루어 생각하여 헤아리거나 어림을 잡음. 미루어 헤
　아릴 추推

朝
아침 조

조변석개朝變夕改 : 아침에 변경시키고 저녁에 뜯어고친다는 뜻
　으로, 계획이나 결정 따위를 일관성이 없이 자주 바꿈을 이르
　는 말. 변경할 변變, 저녁 석夕, 고칠 개改
조삼모사朝三暮四 : 자신이 키우는 원숭이들에게 먹이를 아침에
　는 세 개, 저녁에는 네 개를 주겠다고 하자 화를 내기에 아침
　에는 네 개 저녁에는 세 개를 주겠다고 바꾸어 말하니 기뻐하
　였다는 고사에서 유래한 말로, 자기의 이익을 위해 교활한 꾀
　를 써서 남을 속이고 놀리는 것을 이르는 말. 저녁 모暮

禍
재앙 **화**

전화위복轉禍爲福 : 재앙이 굴러서(변하여) 오히려 복이 됨. **구를 전轉, 될 위爲, 복 복福**

멸문지화滅門之禍 : 한집안이 다 죽임을 당하는 끔찍한 재앙. **없 앨 멸滅, 집안 문門**

福
복 **복**

축복祝福 : 행복을 축원함. **기원할 축祝**

복지福祉 : 안락한 환경 등이 어우러져 행복을 누릴 수 있는 상태. **복 지祉**

自 信 者 人 亦 信 之   吳 越 皆 兄 弟   自
자 신 자 인 역 신 지   오 월 개 형 제   자

疑 者 人 亦 疑 之   身 外 皆 敵 國
의 자 인 역 의 지   신 외 개 적 국

➡ 스스로를 믿는 사람은 다른 사람 역시 그 사람을 믿나니 오나라와 월나라 사람(원수지간)이라도 모두 형제가 될 수 있고, 스스로를 의심하는 사람은 다른 사람 역시 그 사람을 의심하나니 자기 자신 이외에는 모두 적국이 되느니라.

핵심 한자 풀이

信
믿을 신

① 믿다 ② 편지 ③ 진실 ④ 표시

신념信念 : 굳게 믿는 마음. 생각 념念

화신花信 : 꽃 소식. 봄소식. 소식 신信

신의信義 : 믿음과 의리. 의리 의義

신호信號 : 의사를 전달하는 일정한 부호나 표시. 부호 호號

亦
역시 역

 吳越 오월 | 전국시대 오나라와 월나라를 말하는 것으로 서로 원수 사이임을 일컫는 말

오월동주吳越同舟 : 적대적인 사람들이 한 배를 탐.

255

어려운 상황에서는 원수라도 협력하게 됨.

皆
모두 개

개근皆勤 : 하루도 빠짐없이 모두 출석함. **일 勤**

개병제皆兵制 : 모두 군인이 되도록 하는 제도. 국민 모두에게 병역의 의무를 부여하는 제도. **군사 병兵, 제도 제制**

疑
의심할 의

의사무공疑事無功 : 의심을 품고 일을 하면 성공이 없음. **일 事事, 없을 무無, 성공 공功**

의심생암귀疑心生暗鬼 : 의심하는 바가 있으면 어두운 귀신(갖가지 망상)이 생겨난다. **마음 심心, 낳을 생生, 어두울 암暗, 귀신 귀鬼**

敵
원수 적

① 원수 ② 적수

적개심敵愾心 : 원수를 미워하며 분개하는 심정. **분개할 개愾, 마음 심心**

필적匹敵 : 재주나 힘 등이 엇비슷하여 서로 견줄 만함. **짝 필匹**

疑人莫用 用人勿疑
의 인 막 용 용 인 물 의

➡ 사람을 의심하거든 쓰지를 말고, 사람을 썼다면 의심하지 마라.

핵심 한자 풀이

疑
의심할 의

의심疑心 : 믿지 못하는 마음.
회의懷疑 : 의심을 품음. 인식을 부정하며 진리를 믿지 않음. **품을 회懷**

人
다른 사람 인

인선人選 : 많은 사람 가운데서 적당한 인물을 뽑아냄. **가릴 선選**
인지상정人之常情 : 사람이면 누구나 가지는 보통의 감정. **보통 상常, 감정 정情**

莫
말 막

① 더할 수 없다 ② 없다 ③ 아니다
막론莫論 : 말할 나위도 없음. **말할 론論**
막강莫强 : 더할 나위 없이 강함. **강할 강强**
막상막하莫上莫下 : 위도 아니고 아래도 아니다. 높음도 낮음도 아니다. 낫다 못하다를 밝히기 어려울 정도로 차이가 거의 없다.

用
쓸 용

전용專用 : 혼자서만 쓰거나 한 가지 목적으로만 씀. **오로지 전專**
재활용再活用 : 낡거나 못 쓰게 된 물건을 손질을 가하여 다시 이용함. **다시 재再, 살릴 활活**

② ① ④ ③ ⑦ ⑥ ⑤　② ① ④ ③ ⑦ ⑥ ⑤
畵虎畵皮難畵骨 知人知面不知心
화 호 화 피 난 화 골　지 인 지 면 부 지 심

《增廣賢文증광현문》

● 호랑이를 그릴 때 가죽은 그릴 수 있지만 뼈를 그리기는 어렵고, 사람을 알되 얼굴은 알 수 있지만 마음을 알 수는 없다.

핵심 한자 풀이

畵
그림 그릴 **화**

① 그림 ② 꾀하다 **획**
화가畵家 : 그림 그리는 일을 전문으로 하는 사람. **전문가 家**
획책畵策 : 꾀로써 일을 계획함. **꾀 책策**

虎
호랑이 **호**

호구虎口 : 호랑이의 입이라는 뜻으로 매우 위태로운 지경을 이르는 말. **입 구口**
호시탐탐虎視眈眈 : 호랑이가 눈을 부릅뜨고 먹이를 노려본다는 뜻으로, 빼앗으려는 욕심으로 기회를 노리는 모양을 비유적으로 이르는 말. **볼 시視, 노려볼 탐眈**

皮
가죽 **피**

① 가죽 ② 겉
피골상접皮骨相接 : 살가죽과 뼈가 서로 맞붙음. 썩 마름. **뼈 골骨, 서로 상相, 이을 접接**
피봉皮封 : 편지를 봉투에 넣고 다시 싸서 봉한 종이. **봉할 봉封**

難
어려울 **난**

① 어렵다 ② 난리 ③ 나무라다
고난苦難 : 괴로움과 어려움. **쓸 고苦**
난민難民 : 전쟁이나 이념 갈등으로 발생한 재화災禍를 피하기
　위하여 다른 나라나 다른 지방으로 가는 사람
비난非難 : 남의 허물을 드러내거나 나쁘게 말함. **나무랄 비非**

骨
뼈 **골**

노골적露骨的 : 뼈를 드러내듯이 숨김없이 드러냄. **드러낼 노露**
골자骨子 : 중심을 차지하는 가장 중요한 부분. **접미사 자子**
골수骨髓 : 마음속이나 마음속의 깊은 곳. **사물의 중심 수髓**

面
얼굴 **면**

① 얼굴 ② 대하다 ③ 표면 ④ 방향
면목面目 : 얼굴의 생김새. 체면 또는 명예. **눈 목目**
가면假面 : 가짜 얼굴(탈). 본마음이나 참모습을 감추고 거짓으
　로 꾸밈을 비유하여 이르는 말. **거짓 가假**
면접面接 : 직접 대면함. **맞을 접接**
지면地面 : 땅의 표면. **겉 면面**
방면方面 : 어떤 장소나 지역이 있는 방향. **지역 방方**

對面共話 心隔千山
대 면 공 화 심 격 천 산

◉ 얼굴을 대하고 함께 이야기는 하지만, 마음은 천 개의 산이 가로막고 있는 것과 같다.

핵심 한자 풀이

對
대할 대

① 대하다 ② 대답하다 ③ 짝
대결對決 : 양자가 맞서서 우열을 겨룸. **정할 결決**
대답對答 : 부름 · 물음 · 시킴 등에 응하는 말. **대답할 답答**
대우對偶 : 짝, 또는 짝을 이룸. **짝 우偶**

面
얼굴 면

내면內面 : 밖으로 나타내지지 않은 추상적인 속 부분. 인간의
　　　　정신세계. **안 내內**
이면裏面 : 겉으로 드러나지 않는 내부의 속사정. **속 리裏**
양면兩面 : 사물의 두 면. **둘 량兩**

共
함께 공

공감共感 : 남의 의견에 대해 자기도 그러하다고 느낌. **느낄 감感**
공존共存 : 함께 존재하여 나감(살아 나감). **있을 존存**

話
말할 **화**

일화逸話 : 숨은 이야기. 세상에 널리 알려지지 않은 이야기. 숨을 일逸

동화童話 : 어린이에게 들려주거나 읽히기 위해 지은 이야기. 아이 동童

隔
막힐 **격**

① 사이 뜨다 ② 멀리하다 ③ 거르다

격화소양隔靴搔癢 : 신발을 사이에 두고 신을 신고 가려운 데를 긁는다는 뜻으로, 어떤 일을 할 때 그 정통은 찌르지 못하고 겉돌기만 하여 안타깝다는 말. **신발 화靴, 긁을 소搔, 가려울 양癢**

격리隔離 : 사이를 막거나 멀리 떨어지게 함. **떼놓을 리離**

격조隔阻 : 소식이 오래 막힘. **사이 멀 조阻**

海枯終見低 人死不知心
해 고 종 견 저　인 사 부 지 심

○ 바다는 마르면 마침내 바닥을 볼 수 있으나 사람은 죽어도 마음을 알 수 없다.

핵심 한자 풀이

枯
마를 고

고목생화枯木生花 : 마른 나무에 꽃이 핀다는 뜻으로, 곤궁한 사람이 행운을 만나게 됨을 비유하는 말. **나무 목木, 태어날 생生, 꽃 화花**

고훼枯卉 : 말라죽은 풀과 나무. **풀 훼卉**

終
마침내 종

① 마침내 ② 죽다 ③ 끝

종내終乃 : 마침내. **이에 내乃**

종신終身 : 죽을 때까지 한평생. **몸 신身**

종말終末 : 맨 끝. **끝 말末**

低
바닥 저

저렴低廉 : 값이 쌈. **값쌀 렴廉**

저속低俗 : 품격이 낮고 속됨. **속될 속俗**

저조低調 : 낮은 가락. 활기가 없이 침체되어 있음. **가락 조調**

한쪽 말만 듣게 되면 친한 사이도

若聽一面說 便見相離別
약 청 일 면 설 변 견 상 이 별

➡️ 만약 한쪽의 말만 듣게 되면, 문득 친한 사이가 서로 이별하게
됨을 볼 것이다.

핵심 한자 풀이

若
만약 **약**

① 만약 ② 같다 ③ 너

약혹若或 : 혹시, 만일. **혹시 혹或**

약차若此 : 이와 같이. **이것 차此**

약조若曹 : 너희들. **무리 조曹**

聽
들을 **청**

보청기補聽器 : 듣는 것을 보충해 주는(잘 듣도록 도와주는) 기구.
도울 보補, 기구 기器

도청도설道聽塗說 : 길에서 들은 것을 길에서 말함. 길거리에 떠
돌아다니는 소문. **길 도道, 길 도塗, 말할 설說**

공청회公聽會 : 국회, 행정 기관, 공공 단체가 중요한 정책의 결
정이나 법령 등의 제정 또는 개정안을 심의하기 이전에 이해
관계자나 해당 분야의 전문가로부터 공식 석상에서 의견을
듣는 제도. **여러 공公, 모임 회會**

Tip
一面 **일면** | 한쪽, 일방

說
말씀 설

① 말하다 **설** ② 달래다 **세** ③ 기쁘다 **열**
설교說敎 : 종교의 교리를 설명함, 또는 그런 설명. **교리 敎**
유세遊說 : 각처를 돌아다니면서 자기 또는 자기 정당 등의 주장
　　을 설명하고 선언함. **돌아다닌 유遊**
열납說納 : 기쁘게 받아들임. **기쁠 열悅**

離
떠날 리

가시거리可視距離 : 눈으로 볼 수 있는 목표물까지의 수평 거리.
　　가능할 가可, 볼 시視, 떨어질 거距
괴리감乖離感 : 서로 어긋나 동떨어져 있는 것처럼 느끼는 마음.
　　이그러질 괴乖
비거리飛距離 : 야구나 골프에서 친 볼이 날아간 거리. **날 비飛, 떨**
　　어질 거距
등거리等距離 : 같은 거리. **같을 등等**
유리걸식流離乞食 : 정처 없이 떠돌아다니며 밥을 빌어먹음. **흐**
　　를 유流, 빌 걸乞, 먹을 식食

便
문득 변

① 편리하다 **편** ② 소식 **편** ③ 똥 **변**
편리便利 : 편하고 쉬움. **편리할 리利**
인편人便 : 오가는 사람을 이용하는 소식. **사람 인人**
변비便秘 : 똥이 숨어 있음. 똥이 굳어서 잘 누어지지 않는 증세.
　　숨길 비秘
편지便紙 : 전하고 싶은 안부, 소식, 용무 등을 적은 글. **종이 지紙**

別
헤어질 별

① 헤어지다 ② 다르다 ③ 나누다
별거別居 : 한집안 식구인데 헤어져서(따로 나가) 사는 일. **살 거居**
별미別味 : 별다른 맛. **맛 미味**
분별分別 : 서로 다른 것을 구별하여 가름. **구별할 분分**

飽煖思淫慾　飢寒發道心
포 난 사 음 욕 　 기 한 발 도 심

《增廣賢文증광현문》

➡ 배부르고 따뜻하면 음탕한 욕망이 생각나고, 배고프고 추우면
도덕의 마음이 일어난다.

핵심 한자 풀이

飽
배부를 포

① 배부르다 ② 싫증나다 ③ 가득 차다
포식飽食 : 배불리 먹음. 먹을 식食
포문飽聞 : 싫증나도록 실컷 들음. 들을 문聞
포화飽和 : 채울 수 있는 최대한도에 달함. 합할 화和

煖
따뜻할 난

포식난의飽食煖衣 : 배부르게 먹고 따뜻하게 옷을 입는다는 뜻
으로, 의식衣食이 넉넉하여 불편함이 없이 편하게 지냄을 이
르는 말. 먹을 식食, 옷 입을 의衣

淫
음탕할 음

음담패설淫談悖說 : 음탕하고 도리에 어긋나는 이야기. 말 담談,
어그러질 패悖, 말 설說

慾
하고자 할 욕

욕망慾望 : 하고자 하거나 가지려고 간절히 바람. 바랄 망望
물욕物慾 : 물건을 탐내는 마음. 물건 물物

265

飢
굶주릴 **기**

요기療飢 : 굶주림을 치료함. 적은 양의 음식으로 겨우 시장기를 면함. **병 고칠 療**

기갈飢渴 : 배고픔과 목마름을 아울러 이르는 말. **목마를 갈渴**

寒
차가울 **한**

① 차갑다 ② 오싹하다 ③ 어렵다 ④ 천하다

한기寒氣 : 추운 기운. **기운 기氣**

오한惡寒 : 추위를 싫어함. 몸에 열이 나면서 오슬오슬 춥고 떨리는 증세. **싫어할 오惡**

한촌寒村 : 생활이 어렵고 가난한 마을. **마을 촌村**

한미寒微 : 가난하고 지체가 변변치 못함. **작을 미微**

發
일어날 **발**

① 일어나다 ② 떠나다 ③ 드러내다 ④ 밝히다

발생發生 : 생겨남. 난자가 발육하여 성체成體가 되는 일.

발차發車 : 멎었던 차가 출발함. **자동차 차車**

발표發表 : 널리 드러내 세상에 알림. **나타낼 표表**

계발啓發 : 슬기와 재능을 열어 깨우쳐 줌. **열 계啓**

道
도덕 **도**

① 도덕 ② 길 ③ 말하다

도덕道德 : 사람으로서 마땅히 지켜야 할 도리. **덕 덕德**

도청도설道聽塗說 : '길에서 들은 이야기를 바로 길에서 이야기한다'는 의미로 좋은 말을 듣고도 마음에 새기지 아니함을 비유하는 말. 길거리의 뜬소문. **들을 청聽, 말할 설說**

도불습유道不拾遺 : 길에 떨어져 있는 것(남의 물건)을 줍지 않는다는 뜻으로, 선정을 베풀어 사람마다 물자가 풍부하고 도의심이 강한 세상을 이르는 말. **주울 습拾, 잃을 유遺**

막도인지단莫道人之短 : 다른 사람의 단점을 말하지 마라. **말 막莫, 사람 인人, ~의 지之, 단점 단短**

疏廣曰　賢人多財則損其志　愚人
소 광 왈　　현 인 다 재 즉 손 기 지　　우 인

多財則益其過
다 재 즉 익 기 과

소광이 말하기를 "어진 사람이 재물이 많은즉 그 지조를 손상하고, 어리석은 사람이 재물이 많은즉 그 허물이 더하여지느니라."

핵심 한자 풀이

疏廣
소 광

전한前漢 선제宣帝 때의 학자. 《춘추春秋》에 능통하였고 재물에 청렴하였다. 선제가 많은 재물을 주자 이를 친구들에게 나누어 주었다고 한다.

財
재물 재

재벌財閥 : 큰 세력을 가진 자본가나 기업가의 무리. **무리 벌閥**
재단財團 : 어떤 목적을 달성하기 위해 결합된 재산의 집단. **덩어리 단團**

損
손상할 손

① 손상하다 ② 줄어들다 ③ 잃다
손상損傷 : 상하거나 깨어져서 손해가 됨. **상처 상傷**
손모損耗 : 써서 닳아 없어짐. **없앨 모耗**
결손缺損 : 모자람. 한 부분이 없어서 불완전함. **이지러질 결缺**

267

志
지조 **지**

① 뜻 ② 지조
지학志學 : 학문에 뜻을 둠. 15세를 가리키는 말. **학문 學學**
청운지지靑雲之志 : 청운靑雲의 뜻이라는 의미로 남보다 훌륭하
　　게 출세할 뜻을 갖고 있는 마음, 속세를 벗어나고 싶어 하는
　　마음을 비유하여 이르는 말. 푸른색의 구름이 어두운 색의 구
　　름보다 높이 떠 있는 데에서, 높은 지위나 벼슬을 비유적으로
　　이르는 말. **푸를 청靑, 구름 운雲**

愚
어리석을 **우**

① 어리석다 ② 자기를 낮추는 접두사
우롱愚弄 : 남을 어리석다고 여겨서 비웃고 놀림. **가지고 놀 롱弄**
우견愚見 : 자기의 생각을 낮추어 일컫는 말. **생각 견見**

益
더할 **익**

① 더하다 ② 이익
증익增益 : 더하여 늘게 함. **더할 증增**
익조益鳥 : 농작물의 해충을 잡아먹는 등 직간접으로 인류에게
　　이익이 되는 새. **새 조鳥**

過
허물 **과**

① 허물 ② 지나치다 ③ 건너다

 해설

누구나 재물이 많아질 때 스스로를 더욱 경계해야 한다.

人貧智短 福至心靈
인　빈　지　단　　복　지　심　령

➡ 사람이 가난하면 지혜가 짧아지고, 복이 다다르면 마음이 신령스러워지느니라.

핵심 한자 풀이

貧 가난할 빈

안빈낙도安貧樂道 : 가난하면서도 편안하고 도를 즐김. 구차하고 궁색하면서도 그것에 구속拘束되지 않고 평안하게 즐기는 마음으로 살아감. **편안할 안安, 즐길 락樂, 도 도道**

빈혈貧血 : 피가 모자람. **피 혈血**

短 짧을 단

일장일단一長一短 : 장점長點도 있고 단점短點도 있음.

단기短期 : 짧은 기간. **기간 기期**

福 복 복

복불복福不福 : 복이 있느냐 없느냐의 정도. 사람의 운수.

복지福祉 : 행복. 만족할 만한 생활환경. **복 지祉**

至 다다를 지

① 다다르다 ② 지극하다

하지夏至 : 여름이 다다름. **여름 하夏**

지고지선至高至善 : 지극히 높고 지극히 선함. 가장 높은 도덕적

이상. 높을 고高, 착할 선善

신령스러울 **령** | 영감靈感 : 신의 계시를 받는 것같이 머리를 번득이는 신묘한 느낌생각. 느낄 **감感**

해설

지나친 부富만 나쁜 것이 아니라 지나친 가난도 사람을 어리석게 하고 힘들게 한다는 의미로, 사람에게는 어느 정도의 재물이 반드시 필요함을 일컫는 말이다.

不經一事 不長一智
불 경 일 사　　부 장 일 지

➡ 한 가지 일을 경험하지 아니하면 한 가지 지혜가 자라나지 아니한다.

핵심 한자 풀이

經
경험할 경

① 경험 ② 경서 ③ 세로 ④ 평상 ⑤ 경영하다

경험經驗 : 실제로 겪어 얻은 지식이나 기술. **경험할 驗**

경전經典 : 종교의 교리를 적은 책. **책 典**

경도經度 : 지구의 남북으로 통하는 선. **단위 度**

경상비經常費 : 일정하여 변동이 없는 경비. **항상 常, 비용 費**

경영經營 : 방침 따위를 정하고 연구하여 일을 해 나감. **다스릴 營**

長
자라날 장

① 자라나다 ② 어른 ③ 뛰어나다 ④ 멀다

교학상장敎學相長 : 가르침과 배움이 서로를 성장시켜 준다. 사람에게 가르쳐 주거나 스승에게 배우거나 모두 자신의 학업을 증진시키는 일이다. 가르치는 일과 배우는 일이 서로 자신의 공부를 진보시켜 준다는 말. **가르칠 敎, 배울 學, 서로 相**

有麝自然香 何必當風立
유 사 자 연 향　하 필 당 풍 립

➲ 사향麝香이 있으면 저절로 향기가 있는 것이거늘 어찌 반드시
　바람을 맞아 서 있으려 하는가?

핵심 한자 풀이

麝
사향노루 **사**

사향麝香 : 궁노루 복부의 사향선에 있는 향낭에서 취한 흑갈색
의 분말. 방향芳香이 강하며 향료 약재로 쓰인다. **향기 향香**

 自然 **자연** | 절로, 저절로

香
향기로울 **향**

향신료香辛料 : 고추 후추 겨자 파 따위와 같이 음식물에 향기나
매운 맛을 풍기게 하는 조미료. **매울 신辛, 재료 료料**

 何必 **하필** | 어찌하여 반드시, 어째서 꼭
當風立 **당풍립** | 바람을 맞아 섬

❷有 ❶福 ❺莫 ❸享 ❹盡　❶福 ❷盡 ❸身 ❹貧 ❺窮　❷有 ❶勢 ❺莫 ❸使
유 복 막 향 진　복 진 신 빈 궁　유 세 막 사

❹盡　❶勢 ❷盡 ❸寃 ❹相 ❺逢　❶福 ❷兮 ❸常 ❹自 ❺惜　❶勢 ❷兮
진　세 진 원 상 봉　복 혜 상 자 석　세 혜

❸常 ❹自 ❺恭　❶人 ❷生 ❸驕 ❹與 ❺侈　❶有 ❷始 ❸多 ❹無 ❺終
상 자 공　인 생 교 여 치　유 시 다 무 종

➡ 복이 있다고 해도 누림을 다하지 마라. 복이 다하면 몸이 가난하고 궁색해지게 된다. 권세가 있어도 사용을 다하지 마라. 권세가 다하면 원수와 서로 만나게 된다. 복이 있다고 해도 항상 스스로 아끼고 권세가 있다 해도 항상 스스로 공손해라. 인생에서 교만과 사치는 처음에는 즐거움이 많이 있으나 끝에는 즐거움이 없는 것이다.

핵심 한자 풀이

莫
말 **막**
| 금지사로 '~하지 마라'는 의미

享
누릴 **향**
| ① 누리다 ② 제사 지내다
향수享受 : 복이나 혜택 따위를 받아서 누림. 예술 작품 등을 음미하고 즐김. **받을 수受**
향사享祀 : 제사를 지냄. **제사 지낼 사祀**

273

盡
다할 진

고진감래苦盡甘來 : 고통이 다하면 단것(기쁨)이 온다. **괴로울 고 苦, 달 감甘, 올 래來**

진인사대천명盡人事待天命 : 사람의 일을 다 한 후 하늘의 명령을 기다린다. **기다릴 대待, 명령 명命**

勢
세력 세

세도勢道 : 정치상의 권세. 부당하게 세력을 부리는 일. **기능 도道**

거세去勢 : 세력을 제거함. **제거할 거去**

寃
원수 원

① 원통하다 ② 원수

원혼寃魂 : 원통하게 죽은 사람의 혼령. **영혼 혼魂**

원죄寃罪 : 억울하게 뒤집어 쓴 죄. **형벌 죄罪**

惜
아낄 석

아깝게 여기다

석별惜別 : 섭섭하게 여기며 헤어짐. **헤어질 별別**

매점매석買占賣惜 : 돈을 많이 벌려는 욕심으로 독점하여 사서 아끼면서 파는 일. **살 매買, 차지할 점占, 팔 매賣**

恭
공손할 공

공경하다, 삼가다

驕
교만할 교

잘난 체하다

교만驕慢 : 뽐내며 방자함. **거만할 만慢**

與
그리고 여

① 그리고 ② 주다 ③ 더불어 ④ 참여하다

A 與 B : A 그리고 B.

수여授與 : 증서나 상품 따위를 내리어 줌. **줄 수授**

여민동락與民同樂 : 백성과 더불어 함께 즐김. **백성 민民, 함께 동同, 즐길 락樂**

참여參與 : 어떤 일이나 모임에 참가하여 관계함. **참여할 참參**

侈
사치할 치

巧者拙之奴 苦者樂之母
교　자　졸　지　노　고　자　락　지　모

➡ 재주 있는 사람은 재주가 서툰 사람의 노비가 되고, 괴로움이 라는 것은 즐거움의 모체가 된다.

핵심 한자 풀이

巧
재주 교

교언영색巧言令色 : 교묘하게 말하고 얼굴색을 예쁘게 꾸미다. 남의 환심을 사려고 번지르르하게 발라맞추는 말과 알랑거리 는 얼굴빛. 말씀 언言, 아름다울 령令, 얼굴빛 색色

者
사람 자

① 사람 ② ~것

회자정리會者定離 : 만난 사람은 이별이 정해져 있다. 만날 회會, 정할 정定, 이별할 리離

유신자하야 파괴지자維新者何也 破壞之子 : 새롭게 하는 것은 무 엇인가? 파괴의 자식이다(파괴로부터 나온다). 오직 유維, 새로울 신新, 무엇 하何, 깨뜨릴 파破, 무너뜨릴 괴壞, ~의 지之, 자식 자子

拙
서툴 졸

① 서툴다 ② 못생기다 ③ 재주 없다

졸렬拙劣 : 옹졸하고 비열함. 못할 렬劣

졸작拙作 : 졸렬한 작품. 자기 작품을 겸손하게 이르는 말. 작품 작作

졸필拙筆 : 졸렬한 글씨. 자기의 글씨를 겸손하게 이르는 말. 글

275

씨 쓸 필筆

노비 **노**

경당문노耕當問奴 : 밭 가는 일은 당연히 종(농사꾼)에게 물어보아야 한다. 일은 전문가에게 맡겨야 한다. **밭갈 경耕, 마땅 당當, 물을 문問**

즐거울 **락**

① 즐겁다 [락] ② 좋아하다 [요] ③ 음악 [악]

쾌락快樂 : 감성의 만족이나 욕망의 충족에서 오는 유쾌한 감정. **기쁠 쾌快**

요산요수樂山樂水 : 산을 좋아하고 물을 좋아함. 자연을 사랑하는 마음.

악단樂團 : 음악을 연주하는 단체. **무리 단團**

母

모체 **모**

① 어머니 ② 근본(뿌리)

맹모단기孟母斷機 : 맹자의 어머니가 베를 끊었다는 뜻으로, 학업을 중도에서 그만둠을 훈계訓戒하는 말. **맹자 맹孟, 끊을 단斷, 베틀 기機**

모법母法 : 어떤 법의 근거가 되는 법률. **법 법法**

 해설

재주 많은 것이 꼭 좋은 것만은 아니니 재주 없다고 괴로워할 필요가 없고, 기쁨을 위해서 고생은 당연한 것이니 고생하는 것을 꺼리지 말아야 한다는 말이다.

小船難堪重載 深逕不宜獨行
소　선　난　감　중　재　심　경　불　의　독　행

➡️ 작은 배는 무겁게 싣는 것을 감당하기 어렵고, 깊은(산속의) 길은 혼자 가는 것이 마땅하지 않느니라.

핵심 한자 풀이

船
배 선

여객선旅客船 : 나그네를 실어 나르는 것을 목적으로 하는 배.
　나그네 여旅, 손님 객客

이양선異樣船 : 이상한 모양의 배, 외국의 선박.　**다를 이異, 모양 양樣**

堪
견딜 감

감내堪耐 : 참고 견딤.　**견딜 내耐**

重
무거울 중

① 무겁다 ② 중요하게 여기다 ③ 거듭하다(중복되다)

중상자重傷者 : 많이 다친 사람.　**다칠 상傷, 사람 자者**

중차대重且大 : 중요하고 또 커다란 일.　**또 차且, 클 대大**

권토중래捲土重來 : '흙먼지를 말면서(날리며) 다시 온다'는 뜻으로, 한 번 실패에 굴하지 않고 몇 번이고 다시 도전함. 패배한 자가 세력을 되찾아 다시 쳐들어옴을 일컫는 말.　**말 권捲, 흙 토土, 올 래來**

載
실을 재

① 싣다 ② 해年
적재積載 : 차나 선박 따위에 짐을 실음. **쌓을 적積**
게재揭載 : 신문이나 잡지 등에 글이나 그림 따위를 걸고 실음.
  걸 게揭
천재일우千載一遇 : 천 년 동안에 한 번 만난다. 좀처럼 만나기
  어려운 좋은 기회. **일천 천千, 한 번 일一, 만날 우遇**

深
깊을 심

심야深夜 : 깊은 밤. **밤 야夜**
심사숙고深思熟考 : 깊이 생각하고 익도록 생각함. **익을 숙熟, 생**
  각할 고考

逕
길 경

석경石逕 : 돌이 많은 좁은 길. **돌 석石**

宜
마땅할 의

① 마땅히 ② 편리하다
의당宜當 : 마땅히 그러함. **마땅할 당當**
편의점便宜店 : 고객의 편리함을 위해 하루 종일 영업을 하는 잡
  화 상점. **편할 편便, 가게 점店**

 해설

분수에 맞게 행동하는 것이 현명하고, 분수를 모르고 날뛰는
것은 어리석다는 말이다.

貧居鬧市無相識 富住深山有遠親
빈 거 료 시 무 상 식 부 주 심 산 유 원 친

《增廣賢文증광현문》

▶ 가난하게 살면 시끄러운 시장 바닥에 살아도 서로 아는 사람
이 없고, 부자이면 깊은 산중에 거주해도 먼 곳으로부터 찾아
오는 친구가 있다.

핵심 한자 풀이

貧
가난할 빈

빈이무원貧而無怨 : 가난하지만 그러나 원망함이 없음. 그러나 이
而, 없을 무無, 원망할 원怨

빈익빈부익부貧益貧富益富 : 가난한 사람은 더 가난해지고 부자
는 더 부자가 된다는 말. 더욱 익益, 부자 부富

빈혈貧血 : 혈액 속에 적혈구나 헤모글로빈이 가난해진(줄어든)
상태. 피 혈血

鬧
시끄러울 료

識
알 식

① 깨닫다 ② 기록하다 **지**

식자우환識字憂患 : 글자를 아는 것이 오히려 근심을 사게 됨.
글자 자字, 근심 우憂, 근심 환患

표지標識 : 다른 사물과 구별하여 알 수 있도록 한 표시. 표할 표標

279

住
살 주

의식주衣食住 : 사람이 생활하는 데 기본이 되는 옷과 음식과 집을 통틀어 이르는 말. **먹을 식食, 살 주住**

深
깊을 심

심화학습深化學習 : 넓은 이해와 풍부한 학습 경험을 위해 깊이 있게 하는 학습. **될 화化, 배울 학學, 익힐 습習**

심층深層 : 사물의 깊은 속이나 밑에 있는 깊은 층. **층 층層**

遠
멀 원

망원경望遠鏡 : 먼 곳의 물체를 확대하여 똑똑하게 보이도록 만든 광학 기계. **바라볼 망望, 거울 경鏡**

親
친척 친

① 친하다 ② 어버이 ③ 몸소

절친切親 : 매우 친한 사이. **매우 절切**

친목親睦 : 서로 친하여 화목하게 됨. **화목할 목睦**

친일파親日派 : 일본과 친하게 지내는 무리. **일본 일日, 계통 파派**

친권親權 : 부모가 미성년의 자식에 대하여 보호 감독할 권리. **권리 권權**

친서親書 : 몸소 글씨를 씀, 몸소 보내 준 편지. **편지 서書**

子曰　士志於道而恥惡衣惡食者
자왈　사지어도이치악의악식자

未足與議也
미족여의야

《論語논어》〈里仁이인〉편 9장

➡ 공자가 말하기를 "선비로서 도道에 뜻을 두었으면서도 그러나 나쁜 옷 입고 나쁜 밥 먹는 것을 부끄러워하는 사람은 더불어 의논하기에 충분하지 못하느니라."

핵심 한자 풀이

恥 부끄러울 치
치부恥部 : 부끄러운 부분. 분류 부部
파렴치破廉恥 : 염치를 깨부숨. 뻔뻔스러움. 깨뜨릴 파破, 청렴할 렴廉

惡 나쁠 악
① 나쁘다 **악** ② 미워할 **오**
악평惡評 : 나쁘게 평함. 의논할 평評
수오羞惡 : 잘못을 부끄러워하고 악을 미워함. 부끄러워할 수羞

與 더불 여
① 더불어 ② 주다
여민동락與民同樂 : 백성과 더불어 함께 즐김. 백성 민民, 함께 동同, 즐거울 락樂
여신與信 : 금융기관에서 고객을 믿고 돈을 빌려 주는 일. 믿을 신信

Tip

未足 **미족** ㅣ 만족스럽지 못하다, 부족하다, 충분하지 못하다

議
의논할 **의**

국회의원國會議員 : 국가의 일에 대해 모여 의논하는 사람. **나라 국國, 모일 회會, 사람 원員**

불가사의不可思議 : 사람의 생각으로는 생각하기도 의논하기도 어렵다는 뜻으로, 사람의 힘이 미치지 못하고 상상조차 할 수 없는 오묘奧妙한 것을 일컫는 말. **생각 사思**

해설

입고 먹는 것에 신경을 쓸 정도의 인간이라면 큰 뜻을 품을 자격이 없다는 말임과 동시에, 먹는 것과 입는 것은 그리 중요하지 않다는 말이기도 하다.

筍子曰　士有妬友則賢交不親　君
순 자 왈 　 사 유 투 우 즉 현 교 불 친 　 군

有妬臣則賢人不至
유 투 신 즉 현 인 부 지

《荀子순자》〈大略대략〉편 29장

➡ 순자가 말하기를 "선비가 벗을 질투함이 있은즉 어진 사람과
사귀어 친할 수 없고, 임금이 신하를 질투함이 있은즉 어진
사람이 오지 않느니라."

핵심 한자 풀이

妬
질투할 투

질투嫉妬 : 다른 사람이 잘되거나 자신보다 앞서서 좋은 위치
에 있는 것을 시기함. 미워할 질嫉

至
이를 지

① 다다르다 ② 지극하다

동지冬至 : 겨울이 다다름. 밤이 가장 긴 날. 겨울 동冬

지성감천至誠感天 : 지극한 정성은 하늘도 감동시킨다. 정성 성
誠, 마음 움직일 감感, 하늘 천天

수지청즉무어水至淸則無魚 : 물이 지극히 맑으면 물고기가 없다
는 뜻으로, 사람이 너무 청렴하거나 지나치게 똑똑하면 다른
사람들이 그를 두려워하고 피하기 때문에 벗을 사귈 수 없음
을 비유하는 말. 물 수水, 맑을 청淸, 없을 무無, 물고기 어魚

天不生無祿之人 地不長無名之草
천 불 생 무 록 지 인   지 부 장 무 명 지 초

◉ 하늘은 녹이 없는 사람은 출생하게 하지 않고, 땅은 이름 없는
풀은 기르지 않느니라.

핵심 한자 풀이

祿
복록 녹
벼슬아치에게 연봉年俸으로 주는 곡식, 피륙, 돈 따위를 통틀
어 이르는 말

長
기를 장
① 기르다 ② 어른 ③ 오래 ④ 멀다 ⑤ 뛰어나다
장성長成 : 자라서 어른이 됨. 성숙할 성成
장유유서長幼有序 : 어른과 아이는 순서가 있어야 한다. 어릴 유
　幼, 있을 유有, 차례 서序
장구長久 : 길고 오램. 오랠 구久
장거리長距離 : 먼 거리. 떨어질 거距, 떼놓을 리離
장기長技 : 뛰어난 기술. 재주 기技

名
이름 명
① 이름 ② 이름나다
명명命名 : 이름을 지어 붙여 줌. 이름 지을 명命
명곡名曲 : 뛰어난 악곡. 유명한 노래나 악곡. 노래 곡曲

草
풀 초

① 풀 ② 엉성하다 ③ 기초 잡다 ④ 초서 ⑤ 시작하다

초개草芥 : 풀과 먼지. 아무 소용이 없거나 하찮은 것. **티끌 개芥**

초솔草率 : 정밀하지 못한 모양. **거느릴 솔率**

초안草案 : 안건을 기초함. 문장이나 시 따위의 기초를 잡음. **생각 안案**

초서草書 : 행서行書를 풀어서 점과 획을 줄여 흘려 쓴 글씨. **글씨 서書**

초창기草創期 : 처음 시작한 시기. 시초. **비롯할 창創, 시기 기期**

하늘은 먹을 것을 준비해 놓지 않은 사람을 이 땅에 내려보내지 않았으니 굶어 죽을까 염려하는 것은 지극히 어리석다. 땅에 있는 조그마한 풀에게도 이름을 주고 사명을 부여하는데 하물며 사람임에랴.

大富由天 小富由勤
대 부 유 천　소 부 유 근

《增廣賢文증광현문》

➡ 큰 부자는 하늘로 말미암고, 작은 부자는 부지런함으로 말미암는다.

핵심 한자 풀이

富
부자 부

부강富强 : 나라의 재정이 부유하고 군사력이 강함. **굳셀 강强**
치부致富 : 재물을 모아 부자가 되기에 이름. **이를 치致**
부국강병富國强兵 : 부유한 나라와 강한 병사라는 뜻으로, 나라를 부유하게 하고 군대를 강하게 하자는 생각. **나라 국國, 강할 강强, 군사 병兵**

由
말미암을 유

까닭, ~부터
유래由來 : 사물의 내력, 겪어 온 자취. **올 래來**
사유事由 : 일의 까닭. **일 사事**

勤
부지런할 근

① 부지런하다 ② 일
경천근민敬天勤民 : 하느님을 공경하고 부지런한 자세로 백성을 다스림.
근속勤續 : 한 직장에서 장기간 이어서 일함. **이을 속續**
개근皆勤 : 일정한 기간 동안 하루도 빠짐없이 모든 날 출근하거나 출석함. **모두 개皆**

一日淸閑 一日仙
일 일 청 한　일 일 선

➡ 하루 마음이 맑고 한가롭다면 하루는 신선이 되는 것이다.

핵심 한자 풀이

淸
맑을 **청**

① 맑다, 깨끗하다 ② 끝맺다 ③ 나라 이름(중국)
청렴淸廉 : 마음이 고결하고 재물 욕심이 없음. **청렴할 렴廉**
청산淸算 : 말끔하게 셈을 끝냄. **셀 산算**
청일전쟁淸日戰爭 : 1894~1895년에 걸친 청나라와 일본 간의
　전쟁. **일본 일日, 싸움 전戰, 다툴 쟁爭**

閑
한가로울 **한**

망중한忙中閑 : 바쁜 가운데에서도 한가로운 때. **바쁠 망忙**
한담閑談 : 심심풀이로 이야기를 나눔. **말할 담談**

仙
신선 **선**

① 신선 ② 고상한 사람
선경仙境 : 신선이 산다고 하는 경치가 좋고 그윽한 곳. **장소 경境**
선골仙骨 : 세월을 초월한 신선 같은 풍모. **됨됨이 골骨**
시선詩仙 : 시문詩文에 뛰어난 사람이라는 의미로, 당나라 시인
　이백李白을 이르는 말. **시 시詩**

高宗皇帝御製曰　一星之火能燒
고 종 황 제 어 제 왈　일 성 지 화 능 소

萬頃之薪　半句非言誤損平生之德
만 경 지 신　반 구 비 언 오 손 평 생 지 덕

身被一縷常思織女之勞　日食三飱
신 피 일 루 상 사 직 녀 지 로　일 식 삼 손

每念農夫之苦　苟貪妬損終無十載
매 념 농 부 지 고　구 탐 투 손 종 무 십 재

安康　積善存仁必有榮華後裔　福
안 강　적 선 존 인 필 유 영 화 후 예　복

緣善慶多因積行而生　入聖超凡盡
연 선 경 다 인 적 행 이 생　입 성 초 범 진

是眞實而得
시 진 실 이 득

⬤ 고종황제 어제에 이르기를, '하나의 별똥별만 한 불일지라도 능히 만 이랑의 땔나무를 태워 버릴 수 있고, 반 구절의 그릇된 말일지라도 평생의 덕을 잘못되게 하고 손상시킬 수 있다. 몸에 한 오라기의 실을 입어도 항상 베 짜는 여자의 수고로움을 생각하고, 하루 세끼의 밥을 먹을 때 항상 농부의 수고로움을 생각하여야 한다. 구차하게 욕심내고 질투하며 손해 끼

치면 마침내 십 년 동안 편안함과 건강함이 없을 것이고, 선행을 쌓고 어짊을 지니면 반드시 영화로움이 있을 것이다. 복된 인연과 좋은 경사는 많은 경우 바른 행실을 쌓음으로 인하여 생겨나는 것이고, 성인의 경지에 들어가고 평범함을 뛰어넘는 것은 모두 진실함 때문에 얻어지는 것이다.'

高宗皇帝　당나라의 제3대 황제 이치李治(628~683). 저 유명한
고 종 황 제　측천무후測天武后의 남편이다.

Tip
御製　어제 | 황제나 임금이 직접 짓거나 만듦. 그런 글이나
　　　　물건. 임금 어御, 만들 제製

燒
사를 소

전소全燒: 전체가 불타서 없어짐. 모두 전全
소각장燒却場 : 쓰레기나 폐기물 따위를 태워 버리는 장소. 물리
칠 각却, 장소 장場

薪
땔나무 신

와신상담臥薪嘗膽 : 땔나무에 누워 자고 쓰디쓴 쓸개를 맛본다
는 뜻으로, 원수를 갚으려는 굳은 결심으로 어려움을 참고 견
디는 것을 이르는 말. 누울 와臥, 맛볼 상嘗, 쓸개 담膽

縷
실 루

일루一縷 : 한 올의 실이라는 뜻으로, 몹시 약하여 간신히 유지
되는 상황.

289

밥 손

저녁밥, 익힌 음식

구차할 구

구명도생苟命徒生 : 구차하게 목숨만 보존하며 헛되이 살아감.
헛될 도徒

해 재

① 싣다 ② 해
게재揭載 : 신문 따위에 글이나 그림 등을 실음. **들 게揭**
천재일우千載一遇 : 천 년(오랜 세월)에 한 번 만날 수 있는 기회.
만날 우遇

裔
후손 예

후예後裔 : 핏줄을 이어받은 먼 자손. **뒤 後後**

善
좋을 선

① 착하다 ② 좋다 ③ 친하다 ④ 잘한다 ⑤ 옳게 여긴다
선남선녀善男善女: 착한 남자와 착한 여자. 젊은 남자와 젊은 여
자를 귀하고 좋게 여기는 뜻으로 이르는 말.
최선最善: 가장 좋음. **가장 최最**
친선親善: 서로 친하고 사이가 좋음. **친할 친親**
선용善用: 잘 사용함. **사용할 용用**
독선獨善: 자기 혼자만 옳다고 생각하고 행동함. **홀로 독獨**

王良曰　欲知其君先視其臣　欲知
왕 량 왈　욕 지 기 군 선 시 기 신　욕 지

其人先視其友　欲知其父先視其子
기 인 선 시 기 우　욕 지 기 부 선 시 기 자

君聖臣忠父慈子孝
군 성 신 충 부 자 자 효

➲ 왕량이 말하길 "그 임금에 대해 알기를 원한다면 먼저 그 신하
　를 보고, 그 사람 알기를 원한다면 먼저 그 친구를 보며, 그 아
　버지 알기를 원한다면 먼저 그 자식을 보도록 하라. 임금이 성
　스러우면 신하는 충성스러울 것이요, 아버지가 자애로우면 자
　식은 효성스러울 것이다."

핵심 한자 풀이

王良 왕 량	중국 후한 말에 위魏나라에서 태어난 삼국시대 정치가이다. 조조曹操의 군사軍事로 활약하다, 76세에 제갈량諸葛亮과 토론을 벌인 후 분을 참지 못해 낙마해 죽었다.

欲
하고자 할 욕

욕속부달欲速不達 : 빨리 하고자 하면 도리어 도달하지 못함. **빠를 속速, 도달할 달達**

욕승인자필선자승欲勝人者必先自勝 : 남을 이기고자 하는 사람은 반드시 먼저 자신을 이겨야 함. **이길 승勝, 다른 사람 인人, 사람**

자者, 반드시 필必, 먼저 선先, 스스로 자自

慈
사랑스러울 **자**

자선慈善 : 사랑스럽게 여겨서 착함을 베푸는 일. 불쌍한 사람을 도와줌. **착할 선善**

인자仁慈 : 어질고 사랑이 많음. **어질 인仁**

자모유패자慈母有敗子 : 사랑이 지나친 어머니의 슬하에서는 도리어 방자放恣하고 버릇없는 자식이 나온다. **무너질 패敗**

許敬宗曰　春雨如膏　行人惡其泥
허 경 종 왈　춘 우 여 고　행 인 오 기 니

寧　秋月揚輝　盜者憎其照鑑
녕　추 월 양 휘　도 자 증 기 조 감

➡ 허경종이 말하길 "봄비는 기름과 같으나 행인은 그 진흙과 진창길을 싫어하고, 가을 달은 밝게 비치나 도둑놈은 그 비쳐서 살피게 해주는 것을 미워한다."

핵심 한자 풀이

許敬宗
허 경 종
당나라의 대신大臣으로 고종高宗이 무측천武則天을 황후로 세우는 것을 도왔다. 이후 무측천의 집권을 지지支持하였다.

膏
기름 고
옥반가효만성고玉盤佳肴萬姓膏 : 구슬 쟁반의 맛있는 안주는 만백성의 기름이라. 〈춘향전〉에서 이몽룡이 당시 정치를 풍자하여 지은 시. 구슬 옥玉, 쟁반 반盤, 아름다울 가佳, 안주 효肴, 백성 성姓

泥
진흙 니
이전투구泥田鬪狗 : '진흙탕에서 싸우는' 개라는 의미로, '강인한 성격의 사람'이나 '명분이 서지 않는 일로 몰골사납게 싸우는 일'을 일컫는 말. 밭 전田, 싸움 투鬪, 개 구狗

濘
진창 **녕**

輝
빛날 **휘**

휘황찬란輝煌燦爛 : 광채가 나서 눈부시게 번쩍임. **빛날 황煌, 빛날**
　　찬燦, 문드러질 란爛

憎
미워할 **증**

증오憎惡 : 몹시 미워함. **미워할 오惡**
애증愛憎 : 사랑함과 미워함. **사랑 애愛**

鑑
살필 **감**

귀감龜鑑 : 본받을 만한 모범, 거울로 삼아 본보기가 될 만한 것.
　　거북 귀龜
감상鑑賞 : 예술 작품이나 경치 따위를 즐기고 이해하면서 평가
　　함. **감상할 상賞**

해설

봄비는 농작물을 키우는 귀중한 것임에도 길 가는 사람에게는
성가신 존재이다. 가을에 뜨는 밝은 달도 누군가에겐 기쁨을
주고 또 누군가에겐 방해가 된다. 사람은 극히 자기중심적이
고, 자신의 이익을 따른다는 이야기이다.

④①②③　④①②③　④①②③　④
悶人之凶 樂人之善 濟人之急 救
민 인 지 흉　락 인 지 선　제 인 지 급　구

①②③
人之危
인 지 위

➡ 다른 사람의 흉함을 민망하게 여기고, 다른 사람의 착함을 즐거워하고, 다른 사람의 급한 것을 구제하고, 다른 사람의 위험함을 구하여야 한다.

핵심 한자 풀이

悶
민망할 민
| 번민煩悶 : 마음이 답답하여 괴로워함. 괴로워할 번煩

濟
구제할 제
| 경제經濟 : 사람이 생활하는 데 필요한 재화나 용역을 생산, 분배, 소비하는 모든 활동. 나라를 다스리고 백성을 구제한다는 '경세제민經世濟民'에서 온 말. 다스릴 경經

急
급할 급
| 급증急增 : 수량이 갑자기 늘어남. 더할 증增
| 응급應急 : 급한 일에 대응함. 급한 정황에 대처함. 응할 응應

救
구할 구
| 구사대救社隊 : 회사를 구하기 위하여 모인 무리라는 뜻으로, 노동운동을 진압하기 위하여 회사 측에서 고용한 사람들. 회사 사社, 무리 대隊

經目之事 猶恐未眞 背後之言 豈
경 목 지 사　유 공 미 진　배 후 지 언　기

足深信
족 심 신

➡ 눈으로 경험한 일이라도 오히려 참되지 아니할까 두렵거늘, 등
뒤에서 들려오는 말을 어찌 깊게 믿는 일이 만족스럽겠는가?

핵심 한자 풀이

經
경험할 경

① 경전 ② 날실 ③ 평상 ④ 지내다 ⑤ 다스리다

성경聖經 : 각 종교에서 그 종교의 가르침의 중심이 되는 책. 성
　스러울 성聖

경도經度 : 지구상의 위치를 나타내는 세로로 된 좌표. 정도 도度

경상비經常費 : 매년 계속해서 항상 지출되는 일정한 경비. 항상
　상常. 돈 비費

경험經驗 : 지내면서 실지로 보고 듣고 겪는 일. 증험할 험驗

경영經營 : 방침 따위를 정하고 연구하여 일을 다스려 나감. 다
　스릴 영營

猶
오히려 유

① 오히려 ② 같다 ③ 머뭇거리다

유부족猶不足 : 오히려 부족하다. 족할 족足

과유불급過猶不及 : 지나친 것은 미치지(도달하지) 아니한 것과

같다. 자니칠 과過, 미칠 급及

유예猶豫 : 일이나 날짜를 미루어 감. 주저할 예豫

背
등 배

① 등 ② 배반하다

배영背泳 : 등을 물에 대고 하는 수영 방법. 헤엄칠 영泳

배반背叛 : 믿음과 의리를 저버리고 돌아섬. 배반할 반叛

豈
어찌 기

기감훼상豈敢毀傷 : 부모님께서 낳아 주신 몸을 어찌 감히 헐게 하고 다치게 하겠는가? 헐 훼毀, 다칠 상傷

深
깊을 심

심사숙고深思熟考 : 깊이 생각하고 익도록 생각함. 생각 사思, 익을 숙熟, 곰곰이 생각할 고考

심화深化 : 깊게 함. 깊어짐. 될 화化

信
믿을 신

신념信念 : 굳게 믿으며 그것을 실현하려는 의지. 생각 념念

확신確信 : 확실하게 믿음. 확실할 확確

불신不信 : 어떤 대상을 믿지 아니함. 아니 불不

不恨自家汲繩短 只恨他家苦井深

⁷ ⁶ ❶ ❷ ❸ ❹ ❺　❶ ⁷ ❷ ❸ ❻ ❹ ❺

불 한 자 가 급 승 단　지 한 타 가 고 정 심

➡ 자기 집의 물 긷는 두레박 줄의 짧음은 한탄하지 않고, 다만
남의 집 우물이 깊어서 고생하는 것만을 한탄하는구나.

핵심 한자 풀이

恨
한탄할 **한**

여한餘恨 : 풀지 못하고 남은 바람이나 한. 남을 여餘
회한悔恨 : 뉘우치고 한탄함. 뉘우칠 회悔

汲
물 길을 **급**

초동급부樵童汲婦 : 땔나무 하는 아이와 물 긷는 아낙네. 평범한
사람. 땔나무 초樵, 아이 동童, 여자 부婦

繩
줄 **승**

포승捕繩 : 죄인을 잡아 묶는 노끈. 사로잡을 포捕
자승자박自繩自縛 : 제 줄로 제 몸을 옭아 묶는다는 뜻으로, 자신
이 한 말과 행동으로 말미암아 자신이 구속되어 괴로움을 당
하게 됨. 묶을 박縛

井
우물 **정**

천정부지天井不知 : 천장을 알지 못한다는 뜻으로, 물건 값 등이
자꾸 오르기만 하는 상황을 비유적으로 이르는 말. 하늘 천天,
알 지知

贓濫滿天下 罪拘薄福人
장 람 만 천 하　죄 구 박 복 인

➡ 뇌물 넘침이 온 세상에 가득하지만 죄는 적은 복을 가진 사람만 잡는구나.

핵심 한자 풀이

贓
뇌물 장

장물臟物 : 뇌물을 받거나 도둑질하는 등의 부정한 수단으로 얻은 재물. **물건 物**

濫
넘칠 람

남상濫觴 : 큰 강물도 그 시초는 잔이 넘칠 정도의 물에서 비롯되었다는 데에서 온 말로 사물의 시초, 기원, 근원이라는 의미. **잔 觴**

拘
잡을 구

구속拘束 : 마음대로 하지 못하도록 잡아서 묶음. **묶을 束**

薄
엷을 박

박빙薄氷 : 엷은 얼음. 아주 작은 차이. **얼음 氷**
희박稀薄 : 가능성이 매우 적음. **드물 稀**

해설

뇌물 받고 도둑질하는 사람이 많지만 죄의 대가를 치르는 사람은 복 없는(재수 없는) 사람뿐이구나. 세상이 기본적으로 공평하지 않다는 한탄이다.

蘇東坡云　無故而得千金　不有大
소 동 파 운　무 고 이 득 천 금　불 유 대

福　必有大禍
복　필 유 대 화

➡ 소동파가 말하길 "까닭 없이 천금을 얻게 되면 큰 복이 있는
　것이 아니라 반드시 큰 재앙이 있게 되는 것이니라."

핵심 한자 풀이

| 蘇東坡
소 동 파 | 아버지 소순, 동생 소철과 함께 '3소三蘇'라고 일컬어지며 모두 당송8대가에 속함. 조정의 정치를 비방하는 내용의 시를 썼다는 죄로 황주로 유형되었음. 이름은 소식蘇軾이고, 자는 자첨子瞻이다. |

故　연고緣故 : 까닭. 사유. 연줄 연緣
까닭 고

福　복불복福不福 : 복일 수 있고 복이 아닐 수 있음. 사람의 운수
복 복

禍　화종구생禍從口生 : 불행은 입(말)을 좇아 생겨나는 것이다. 좇을
불행 화　　종從

　　화불단행禍不單行 : 재앙은 혼자 가지 않는다. 재앙은 겹쳐서 다
　　니는 법이다. 홀 단單, 다닐 행行

③ ④ ① ②　① ② ③ ④　① ② ③ ④　①
大 廈 千 間　夜 臥 八 尺　良 田 萬 頃　日
대 하 천 간　야 와 팔 척　양 전 만 경　일

② ③ ④
食 二 升
식 이 승

◉ 천 칸이나 되는 큰 집일지라도 밤에 누울 때에 팔 척이면 충분
하고, 좋은 밭이 만 이랑 있을지라도 하루 먹는 것은 두 되면 충
분할 것이니라.

핵심 한자 풀이

廈
큰집 하

대하고루大廈高樓 : 큰 집과 높은 누각이라는 뜻으로, 웅장한 건
물을 일컫는 말. 누각 루樓

臥
누울 와

와신상담臥薪嘗膽 : 땔나무에 누워 자면서 쓰디쓴 쓸개를 맛보
다. 원수를 갚거나 어떤 목적을 이루기 위하여 괴로움을 참고
견딤을 이르는 말. 땔나무 신薪, 맛볼 상嘗, 쓸개 담膽

尺
자 척

오늘날의 도량형으로 약 30.3cm
오비삼척吾鼻三尺 : 내 코가 석자여서 너무 힘들다. 자기 사정이
급박하여 남을 돌보아줄 겨를이 없음을 일컫는 말. 나 오吾, 코
비鼻

頃
이랑 **경**

만경창파萬頃蒼波 : 만 이랑(매우 넓은)이나 되는 한없이 넓은 바다나 호수의 푸른 물결. **푸를 창蒼, 물결 파波**

升
되 **승**

부피를 재는 단위, 1升승=10홉, 10분의 1말

久住令人賤　頻來親也疎　但看
구　주　령　인　천　　빈　래　친　야　소　　단　간

三五日 相見不如初
삼　오　일　상　견　불　여　초

《孔子家語공자가어》〈在厄재액〉편 20장

⊃ 오래 머무르면 사람을 천하게 만들고, 자주 찾아오면 친함이 성기어멀어지느니라. 단지 3일이나 5일만 보고 있어도 서로 보는 것이 처음만 같지 못하게 되는 것이다.

핵심 한자 풀이

令
하게 만들 령

구령口令 : 입으로 말하여 똑같은 몸동작을 하도록 함.

頻
자주 빈

빈발頻發 : 일이 자주 일어남. **일어날 발發**

빈도頻度 : 같은 행동이나 일이 자주 일어나는 정도. **정도 도度**

疎
성길 소

친소親疎 : 친함과 성김. **가까울 친親**

해설

자주 만나는 것보다 가끔씩 만나는 것이 좋고, 만남의 시간도 짧은 것이 좋다.

渴時一滴如甘露 醉後添盃不如無

갈 시 일 적 여 감 로　취 후 첨 배 불 여 무

《增廣賢文증광현문》

○ 목마를 때 한 방울의 물은 달콤한 이슬과 같고, 술 취한 후에 잔을 더하는 것은 없는(먹지 않는) 것만 같지 못하다.

핵심 한자 풀이

渴
목마를 갈
　갈민대우渴民待雨 : 목마른 백성이 비 오기를 기다림. **기다릴 대待**
　고갈枯渴 : 물이 말라서 목마른 상태. 물자나 자금 등이 부족하거나 없어짐. 생각이나 느낌 따위의 정서가 메말라 없어짐. **마를 고枯**

滴
물방울 적
　여적餘滴 : 글씨를 쓰고 그림을 다 그린 후에 벼루에 남은 먹물. **남을 여餘**

露
이슬 로
　① 이슬 ② 드러내다
　감로수甘露水 : 설탕을 타서 끓인 물. 정갈하고 맛이 좋은 물. **달 감甘**
　노숙露宿 : 몸을 드러내 놓고 잠을 잠. **잠잘 숙宿**

醉
술취할 취
　만취滿醉 : 술에 가득 취함. **가득할 만滿**

添
더할 첨

첨삭添削 : 더하여 보태는 일과 삭제하여 없애는 일. 깎을 삭削
금상첨화錦上添花 : 비단 위에 꽃을 더한다는 의미로, 좋은 것을
　더 좋게 함을 비유한 말. 비단 금錦, 꽃 화花

盃
잔 배

우승배優勝盃 : 승리한 사람이나 팀에게 주는 잔과 같이 생긴 기
　념품. 뛰어날 우優, 이길 승勝
건배乾盃 : 잔을 말리자(다 마시자). 서로의 건강이나 행복 따위
　를 빌면서 함께 술을 마심. 마를 건乾
고배苦盃 : 마음이 괴롭고 쓰라린 경험을 비유적으로 이르는 말.
　쓸 고苦
축배祝盃 : 축하하는 뜻으로 마시는 술. 축하할 축祝

無
없을 무

무한無限 : 수량이나 정도에 제한이나 한계가 없음. 한계 한限
무궁화無窮花 : 다함이 없는 꽃. 피고 또 피는 꽃. 다할 궁窮. 꽃 화花
무선無線 : 줄이 없음. 전선 없이 주고받는 통신 방식. 줄 선線

酒不醉人人自醉　色不迷人人自迷
주 불 취 인 인 자 취　색 불 미 인 인 자 미

➡ 술이 사람을 취하게 만드는 것이 아니라 사람이 스스로 취하는 것이요, 여색이 사람을 미혹하는 것이 아니라 사람이 스스로 미혹되는 것이니라.

핵심 한자 풀이

醉
취할 취

① 취하다 ② 정신을 빼앗기다 ③ 마음이 쏠리다
취중진담醉中眞談 : 술 취한 가운데에 진실한 말을 하는 경우가
　많다. **참 진眞, 말씀 담談**
도취陶醉 : 술이 얼근히 취함. 어떤 것에 마음이 끌려 홀린 듯이
　빠져듦. **기뻐할 도陶**

色
정욕 색

① 빛, 빛깔 ② 색정
염색染色 : 천이나 머리카락 등에 염료를 써서 물을 들임. **물들일**
　염染
호색한好色漢 : 여색을 특히 좋아하는 사내를 경멸하여 이르는
　말. **좋아할 호好, 사나이 한漢**

迷
미혹할 미

미궁迷宮 : 한번 들어가면 빠져나올 길을 찾을 수 없게 된 곳. 범
　죄 사건 따위가 복잡하게 얽혀서 판단하거나 해결하기 어렵
　게 된 상태. **집 궁宮**

公心若比私心　何事不辨　道念若
공 심 약 비 사 심　　하 사 불 변　　도 념 약

同情念　成佛多時
동 정 념　성 불 다 시

➡ 공심公心(공익을 위하는 마음)을 만약 사심私心(자신만 생각하는 마음)에 비교할 만큼 한다면 어떤 일인들 분별하지 못할 것이며, 도道에 대한 생각을 만약 감정에서 일어나는 생각과 같게 한다면 부처님처럼 된 지 많은 시간이 지났을 것이다

핵심 한자 풀이

比
비교할 비

비교比較 : 둘 이상의 것을 견주어 공통점이나 차이점이나 우열을 살핌. 견줄 교較

비중比重 : 다른 사물과 비교되는 중요성의 정도. 중요할 중重

辨
분별할 변

어로불변魚魯不辨 : '魚어' 자와 '魯로' 자를 분별하지 못할 만큼 무식함. 물고기 어魚, 나라 이름 로魯

변별력辨別力 : 사물의 옳고 그름, 좋고 나쁨을 분별할 수 있는 힘. 나눌 별別

佛
부처 불

불상佛像 : 부처의 형상을 표현한 조각. 형상 상像

불경佛經 : 부처의 가르침을 적은 경전. 경서 경經

易曰 德薄而位尊 智小而謀大 無
역 왈　덕 박 이 위 존　지 소 이 모 대　무

禍者鮮矣
화 자 선 의

《周易주역》

➡ 주역에 이르기를 '덕은 적은데 그러나 지위가 높고, 지혜는 적은데 그러나 도모함이 크면, 재앙이 없는 사람은 드무니라.'

핵심 한자 풀이

易 주역 역
① 바꾸다 ② 주역(경전의 하나) ③ 쉽다 **이**
역지사지易地思之 : 처지(입장)를 바꾸어서 그것을 생각하다. **처지 地, 생각 思, 그것(대명사) 之**
간이簡易 : 간단하고 쉬움. **간단할 簡**

謀 꾀할 모
참모參謀 : 모의에 참여함, 또는 그 사람. **참여할 參**
역모逆謀 : 배반할 것을 모의함, 또는 그런 꾀. **배반할 逆**
모함謀陷 : 꾀를 써서 남을 어려운 처지에 빠뜨림. **빠질 陷**

鮮 드물 선
① 곱다 ② 싱싱하다 ③ 적다
선명성鮮明性 : 뚜렷하고 분명한 성질. **밝을 明**
신선도新鮮度 : 싱싱하고 성한 정도. **새로울 新, 정도 度**
선소鮮少 : 적음. 사소함. **적을 少**

尺璧非寶 寸陰是競
척 벽 비 보　촌 음 시 경

《千字文천자문》

⊙ 한 자 되는 둥근 구슬이 보배가 아니고, 촌음(아주 짧은 시간)이
　다투어야 할 것(보배)이다.

핵심 한자 풀이

尺
자 척

1자=30.3㎝
삼척동자三尺童子 : 키가 3척(약 91㎝ 정도)밖에 안 되는 어린아
　이. 아이 동童

璧
둥근 옥 벽

완벽完璧 : 완전한 구슬. 모자라거나 흠잡을 데 없이 완전함. 완
　전할 완完

寸陰 촌음ㅣ아주 짧은 시간
　일촌광음불가경一寸光陰不可輕 : 아주 작은 시간일지라
　도 가볍게 생각해서는 안 된다. 시간을 아껴 써야 한다.
　광음光陰＝시간, 가벼울 경輕

競
다툴 경

경마競馬 : 말을 다투도록 함. 사람이 탄 말에게 일정 거리를 달
　리게 하여 그 순위를 정하는 일. 말 마馬
경선競選 : 두 사람 이상의 후보가 경쟁하는 선거. 가릴 선選

❷ ❶ ❹ ❸ ❺　❷ ❶ □ ❹ ❸ ❺
入山擒虎易　開口告人難
입 산 금 호 이　개 구 고 인 난

《明賢集명현집》,《琵琶記비파기》,《增廣賢文증광현문》

➡ 산에 들어가서 호랑이를 사로잡기는 쉬워도 입을 열어 다른
　사람을 충고해 주기는 어렵다.

핵심 한자 풀이

擒 사로잡을 금	칠종칠금七縱七擒 : 일곱 번 놓아 주고 일곱 번 사로잡는다는 뜻 으로, 자기 마음대로 할 수 있음을 의미하는 말. **풀어 줄 종縱**
易 쉬울 이	① 쉽다 **이** ② 바꾸다 **역** 난이도難易度 : 어렵고 쉬움의 정도. **어려울 난難. 정도 도度** 교역交易 : 나라와 나라 사이에서 물건을 사고팔며 서로 교환함. **서로 교交**
告 충고할 고	① 알리다 ② 충고하다 예고豫告 : 미리 알림. **미리 예豫** 충고忠告 : 남의 잘못이나 허물을 중심으로 타이름. **진실로 충忠**
難 어려울 난	난형난제難兄難弟 : 누구를 형이라 하고 누구를 아우라 하기 어 렵다는 뜻으로, 두 사람이나 사물의 좋고 낮음을 분간하기 어 렵다는 말. **형 형兄, 아우 제弟**

遠水不救火 遠親不如隣
원 수 불 구 화　원 친 불 여 린

《增廣賢文증광현문》

➡ 먼 곳의 물은 화재를 건져 낼 수 없고, 먼 곳의 친척은 이웃만 같지 못하다.

핵심 한자 풀이

遠
멀 원

불원천리不遠千里 : 천 리 길도 멀다고 하지 않는다. 먼 길을 열심히 달려가는 것을 형용하여 이르는 말.

원시遠視 : 먼 곳은 잘 보이나 가까운 곳은 보이지 않음. **볼 시視**

救
건져 낼 구

구황작물救荒作物 : 흉년든 상태(황폐함)에서 구원해 주는 작물. 땅과 세상이 황폐해져서 배고파 죽으려 할 때에 재배하기 적당한 작물. **흉년들 황荒**

隣
이웃 린

선린정책善隣政策 : 이웃과 잘 지내려는 정책. 이웃 나라와 친선을 꾀하기 위한 정책. **잘할 선善**

덕불고필유린德不孤必有隣 : 덕은 외롭지 않고 반드시 이웃(함께 하는 사람)이 있다. **외로울 고孤, 반드시 필必, 있을 유有**

太公曰　良田萬頃不如薄藝隨身

태　공　왈　양　전　만　경　불　여　박　예　수　신

《顔氏家訓안씨가훈》〈勉學면학〉

➡️ 태공이 말하기를 "좋은 밭 수백만 이랑은 엷은(작은) 재주 하나가 몸에 따르는 것만 같지 못하느니라."

핵심 한자 풀이

良
좋을 양

양심良心 : 사람으로서 마땅히 가져야 할 바르고 좋은 마음.　마음 심心

양식良識 : 도덕적으로 올바르고 좋은 판단력이나 식견.　알 식識

頃
이랑 경

만경창파萬頃蒼波 : 만 이랑이나 되는 푸른 바다.　**푸를 창蒼, 물결 파波**

薄
엷을 박

박색薄色 : 아주 못생긴 얼굴.　**얼굴빛 색色**

박대薄待 : 불친절한 대우. 냉담한 대접.　**대접할 대待**

박리다매薄利多賣 : 이익은 적게 보고 많이 판매함.　**이익 리利, 많을 다多, 팔 매賣**

藝
재주 예

공예품工藝品 : 공산품이면서 예술품인 물품. 실용적이면서 예술적인 가치가 있게 만든 물품.　**만들 공工, 물건 품品**

隨
따를 수

수의계약隨意契約 : 자신의 뜻에 따라서 맺은 약속. 경쟁이나 입찰에 따르지 아니하고 일방적으로 상대편을 골라서 맺는 계약. **뜻 의意, 맺을 계契, 약속할 약約**

수시隨時 : 때에 따름. **때 시時**

수필隨筆 : 붓 가는 대로 따라 쓰는 글. 생각나는 대로 쓴 글. **붓 필筆**

수행원隨行員 : 따라 가는 사람. 높은 지위에 있는 사람을 따라 다니며 돕거나 신변을 보호해 주는 사람. **다닐 행行, 사람 원員**

立教
입 교

立 教

세울 **입**   교육 **교**

- 교육을 세워 간다.
- 교육은 모든 일의 근본이기 때문에 잘 세워 가야 한다.
- 기본적으로 지켜야 하는 윤리 교육은 사람다운 사람을 만들고 사람 사는 세상을 만들어 가
  는 매우 중요한 일이다.

讀書起家之本   循理保家之本   勤
독 서 기 가 지 본   순 리 보 가 지 본   근

儉治家之本 和順齊家之本
검 치 가 지 본   화 순 제 가 지 본

➡ 책을 읽음은 집안을 일으키는 근본이 되는 것이고, 이치에 따름은 집안을 잘 보존하는 근본이 되는 것이며, 근면과 검소는 집안을 다스리는 근본이 되는 것이며, 화목과 순종은 집안을 다스리는 근본이 되는 것이다.

핵심 한자 풀이

起
일으킬 기

① 일어나다 ② 일으키다

기거起居 : 일어섬과 앉아 있음, 일상생활. **앉을 거居**

기용起用 : 인재를 벼슬자리에 뽑아 일으켜 세움. 올려 씀. **쓸 용用**

本
근본 본

기본基本 : 어떤 것을 이루기 위해 가장 먼저, 또는 꼭 있어야 하는 것. **바탕 기基**

표본標本 : 본보기나 기준이 될 만한 것. **표지 표標**

사본寫本 : 원본의 내용을 필사하거나 복사하여 옮겨서 베낌. **베낄 사寫**

循
좇을 순

① 돌다 ② 좇다

순환循環 : 끊임없이 주기적으로 반복하여 돎. **돌 환環**

악순환惡循環 : 나쁜 현상이 끊임없이 되풀이되는 일. **나쁠 악惡**

和
화목할 화

화해和解 : 화목을 위해 풀어 냄. 다툼을 그치고 오해를 풂. 소송
의 당사자들이 분쟁을 그치기로 약속하는 계약. **풀 해解**

順
순종할 순

순기능順機能 : 순종하는 방향, 좋은 방향으로 작용하는 기능.

이순耳順 : 어떤 말을 들어도 귀가 순하여짐. 60살을 일컫는 말.
순할 순順

齊
다스릴 제

① 가지런히 하다 ② 다스리다

제창齊唱 : 여러 사람이 함께 가지런하게(같은 음으로) 노래를 부
름. **노래할 창唱**

제가齊家 : 집안을 잘 다스림. **집 가家**

일생의 계획은 어릴 때에 있고

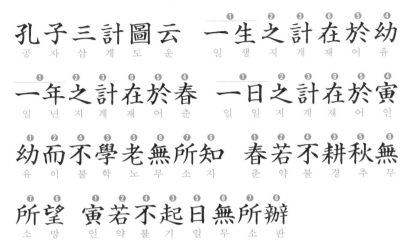

孔子三計圖云 一生之計在於幼
공 자 삼 계 도 운 일 생 지 계 재 어 유

一年之計在於春 一日之計在於寅
일 년 지 계 재 어 춘 일 일 지 계 재 어 인

幼而不學老無所知 春若不耕秋無
유 이 불 학 노 무 소 지 춘 약 불 경 추 무

所望 寅若不起日無所辦
소 망 인 약 불 기 일 무 소 판

《農桑衣食撮要농상의식촬요》 十二月십이월, 《增廣賢文증광현문》

➡ 공자삼계도孔子三計圖에 이르기를 '일생의 계획은 어릴 때에 있고, 일년의 계획은 봄에 있으며, 하루의 계획은 새벽에 있다. 어려서 배우지 않으면 늙어서 아는 바가 없고, 봄에 만약 밭 갈지 아니하면 가을에 바랄 것이 없고, 인시(새벽)에 만약 일어나지 않으면 그날에 힘쓸 바가 없다.'

핵심 한자 풀이

幼
어릴 유

유치幼稚 : 나이가 어림. 정도가 낮고 미숙함. 어릴 치稚

유충幼蟲 : 번데기나 성충成蟲이 되기 전까지의 어린 벌레. 벌레 충蟲

寅
셋째지지 **인**

인시寅時 : 십이시十二時의 셋째 시. 오전 3시에서 5시까지의 시간. 새벽. **때 시時**

병인양요丙寅洋擾 : 병인년에 서양인이 일으킨 난리. 1866년에 흥선대원군의 천주교 탄압 사건에 대한 보복으로 프랑스 함대가 강화도에 침범한 사건. **셋째천간 병丙, 서양 양洋, 어지러울 요擾**

耕
밭갈 **경**

경운기耕耘機 : 논밭을 갈아 일구어 흙덩이를 부수는 농업용 기계. **김맬 운耘, 기계 기機**

辨
힘쓸 **판**

① 힘쓰다 ② 다스리다

판공비辦公費 : 공무公務를 처리하느라 힘쓰는 데 드는 비용. **공변될 공公, 비용 비費**

매판買辦 : 이익을 사는 데(자기 것으로 만드는 데) 힘쓰는 사람. 사적인 이익을 위하여 외국 자본의 앞잡이가 되어 제 나라의 이익을 해치는 일. **살 매買**

性理書云 五敎之目 父子有親 君
성 리 서 운　오 교 지 목　부 자 유 친　군

臣有義 夫婦有別 長幼有序 朋友
신 유 의　부 부 유 별　장 유 유 서　붕 우

有信
유 신

《朱子大全주자대전》卷第七十四권제74 雜著잡저

➡ 성리서에 이르기를 '오교五敎의 조목條目이 있으니, 아버지와 자
식 사이에는 친함이 있어야 하고, 임금과 신하 사이에는 의리
가 있어야 하며, 남편과 아내 사이에는 분별이 있어야 하고,
어른과 아이들 사이에는 차례가 있어야 하며, 친구와 친구 사
이에는 믿음이 있어야 하는 것이다.'

핵심 한자 풀이

目
조목 **목**

① 눈 ② 조목 ③ 보다 ④ 이름

목격目擊 : 눈으로 부딪침. 일이 벌어진 광경을 직접 봄. **부딪칠 격擊**

목전目前 : 눈앞. **앞 전前**

목불인견目不忍見 : 눈으로 보는 것을 참을 수 없음. **참을 인忍, 볼
견見**

조목條目 : 정해 놓은 법률이나 규정 따위의 낱낱의 조항이나 항
목. **가지 조條**

목록目錄 : 어떤 물품의 이름을 일정한 순서로 기록한 것. **기록할 록錄**

別
구별할 별

① 구별하다 ② 헤어지다

별미別味 : 구별된(별다른) 맛. 별다른 음식. **맛 미味**

별명別名 : 생김새나 버릇이나 성격 등의 특징을 가지고 남들이 본명 대신에 지어 부르는 이름. **이름 명名**

별거別居 : 한집안 식구로서 다른 곳에 헤어져 삶. **살 거居**

별세別世 : 세상과 헤어짐(이별함). 사람의 죽음을 높여 이르는 말. **세상 세世**

序
차례 서

① 차례 ② 처음

서열序列 : 차례로 늘어놓음. 차례. 순서. **벌일 열列**

서론序論 : 머리말. **말할 론論**

서막序幕 : 연극 따위에서 처음 여는 막. 일의 시작을 비유하는 말. **막 막幕**

友
친구 우

우호적友好的 : 개인 간이나 국가 간에 친구처럼 사이가 좋은 것. **좋을 호好**

우방友邦 : 서로 친구 같은 관계를 맺고 있는 나라. **나라 방邦**

信
믿을 신

신뢰도信賴度 : 믿고 의지할 수 있는 정도. **의지할 뢰賴**

배신감背信感 : 믿음을 배반한 것에 대한 불쾌한 느낌. **배반할 배背**

三綱 君爲臣綱 父爲子綱 夫爲婦綱
삼 강　군 위 신 강　부 위 자 강　부 위 부 강

《白虎通백호통》〈三綱六記삼강육기〉

➡ '삼강'이란 임금은 신하의 벼리가 되어야 하고, 아버지는 자식의 벼리가 되어야 하며, 남편은 아내의 벼리가 되어야 한다는 것이다.

핵심 한자 풀이

白虎通
백 호 통　　중국 후한 때 반고(32~92)가 편찬한 유교 사상서

綱
벼리 강

그물을 버티게 만드는 줄. 그물의 위쪽 코를 꿰어 오므렸다 폈다 하는 줄. 일이나 글의 가장 중심이 되는 줄거리를 일컫는 말. 사물의 가장 중심이 되는 것을 비유하여 사용함.

강령綱領 : 그물의 벼릿줄과 옷의 깃고대. 일을 해 나가는 데 으뜸이 되는 줄거리. **옷깃 령領**

요강要綱 : 중요한 골자나 줄거리. 기본이 되는 주요 사항. **중요할 요要**

爲
될 위

① ~하다 ② 위하다 ③ 되다 ④ ~이다

무소불위無所不爲 : 하지 못할 바가 없음. 못 할 일이 없이 다 함. **바 소所**

위국충절爲國忠節 : 나라를 위한 충성스러운 절개. **나라 국國, 절**

개 절節

전화위복轉禍爲福 : 재앙이 굴러 복이 됨. 좋지 않은 일이 계기가 되어 오히려 좋은 일이 생김. **구를 전轉, 재앙 화禍, 복 복福**

婦
아내 부

일부일처제一夫一妻制 : 한 남편에 한 아내만 두는 혼인제도. **아내 처妻, 제도 제制**

망부석望夫石 : 남편이 돌아오기를 바라다가 돌이 되었다는 전설의 돌. **바랄 망望**

부창부수夫唱婦隨 : 남편이 노래하면 아내가 따라한다는 의미로, 부부 사이에 화합하는 도리를 비유적으로 이르는 말. **노래할 창唱, 따를 수隨**

효부孝婦 : 시부모를 섬기는 정성이 지극한 며느리. **효도 효孝**

고부간姑婦間 : 시어머니와 며느리 사이. **시어미 고姑, 사이 간間**

遵禮

준 례

遵 禮

좇을 준 예절 례

- 예절을 잘 좇아서 따라야 한다.
- 예절을 잘 따르는 일은 인간의 가장 기본 덕목이다.
- 예절을 잘 지켜야 집안도 사회도 나라도 질서가 잘 세워지기 때문에 여러 각도에서 예절에 대해 잘 알아야 하는 것이다.

②①⑥⑤③④　②①⑤④③
出門如見大賓 入室如有人
출 문 여 견 대 빈　입 실 여 유 인

《論語논어》〈顏淵안연〉二章2장

◉ 문을 나설 때는 큰 손님을 보는 것과 같이 하고, 집 안으로 들
어왔을 때에는 사람이 있는 것과 같이 하라.

핵심 한자 풀이

賓
손님 빈

내빈來賓 : 초대를 받아 찾아오신 손님. 올 래來
귀빈貴賓 : 귀한 손님. 귀할 귀貴
영빈관迎賓館 : 손님을 맞이하는 집. 귀한 손님의 환영 행사나
　숙박을 위한 전용 건물. 맞이할 영迎, 집 관館
빈공과賓貢科 : 손님에게 바치는 과거시험. 당나라 때 외국인에
　게 보이던 과거科擧. 바칠 공貢, 과거 과科

室
집 실

실내화室內靴 : 집 안에서 신는 신발. 안 내內, 신발 화靴
욕실浴室 : 목욕할 수 있는 시설을 갖춘 방. 목욕할 욕浴
대합실待合室 : 기다리는 사람이 모여 있는 방. 기다릴 대待, 모일 합合
고대광실高臺廣室 : 높은 누대樓臺와 넓은 집이라는 뜻으로, 크
　고 좋은 집을 이르는 말. 높을 고高, 대 대臺, 넓을 광廣

해설

남이 보는 곳에서나 보지 않는 곳에서나 항상 교양 있는 몸가
짐을 해야 한다는 이야기이다.

若要人重我 無過我重人
약 요 인 중 아　무 과 아 중 인

➡ 만약 다른 사람이 나를 중요하게 여겨 주기를 요구한다면 내
가 다른 사람을 중요하게 여기는 것보다 지나친 것은 없느니라.

핵심 한자 풀이

若
만약 **약**

① 만약 ② 같다

만약萬若 : 있을지도 모르는 뜻밖의 경우에. **일만 만萬**

약간若干 : 정도程度나 양이 얼마 되지 않음. **방패 간干**

방약무인傍若無人 : 곁에 사람이 없는 것처럼 행동한다. 거리낌
없이 함부로 말하거나 행동함을 이르는 말. **곁 방傍, 없을 무無,
사람 인人**

要
요구할 **요**

① 중요하다 ② 요구하다

요인要因 : 중요한 원인. **원인 인因**

요인要人 : 중요한 사람. **사람 인人**

필요必要 : 없어서는 안 됨. **반드시 필必**

불요불급不要不急 : 필요하지도 않고 급하지도 않음. **아닐 불不,
급할 급急**

요주의要注意 : 주의를 요구함. **주목할 주注, 뜻 의意**

重
중요할 **중**

① 무겁다 ② 중요하다 ③ 겹치다 ④ 삼가다

중공업重工業 : 부피에 비하여 무게가 무거운 물건을 생산하는
　공업. 주로 생산재를 만드는 공업. **만들 공工, 일 업業**

중시重視 : 소중하고 요긴하게 여겨서 봄. **볼 시視**

막중莫重 : 더 이상 중요한 것이 없음. **없을 막莫**

중복重複 : 같은 것이 두 번 이상 겹침. **겹칠 복複**

중의법重義法 : 한 단어에 두 가지 이상의 뜻을 곁들여서 표현하
　는 수사법. **뜻 의義, 방법 법法**

신중愼重 : 매우 조심스러움. **삼갈 신愼**

父不言子之德 子不談父之過
부 불 언 자 지 덕 　 자 부 담 부 지 과

❶ ❻ ❺ ❷ ❸ ❹　❶ ❻ ❺ ❷ ❸ ❹

▶ 아버지는 자식의 덕에 대해 말하지 않아야 하고, 자식은 아버지의 허물에 대해 말하지 않아야 한다.

핵심 한자 풀이

德
덕 덕

덕업상권德業相勸 : 덕스러운 일은 서로 권해야 한다. **일 업業, 서로 상相, 권할 권勸**

미덕美德 : 도덕적으로 바르고 아름다운 일. **아름다울 미美**

음덕蔭德 : 조상의 덕. **그늘 음蔭**

음덕陰德 : 드러나지 않게 행하는 어질고 착한 덕행. **몰래 음陰**

부덕不德 : 덕이 없거나 부족함.

덕담德談 : 잘되라고 비는 말. **말씀 담談**

덕분德分 : 남에게 어진 일을 베푸는 것. **나눌 분分**

덕택德澤 : 남에게 미치는 온정의 혜택. **못 택澤**

過
허물 과

① 지내다 ② 허물 ③ 지나치다

경과經過 : 시간이 지나감에 따라 변화하고 진행되어 가는 과정. **지날 경經**

과정過程 : 시일이 되어 가는 길. **길 정程**

과실過失 : 부주의로 인하여 생긴 잘못이나 허물. **잘못될 실失**

과실상규過失相規 : 허물과 잘못된 행실은 서로 바로잡아 줌. **잘**

못 실失, 바로잡을 규規

과언過言 : 정도에 지나친 말. **말 언言**

과소비過消費 : 필요 이상으로 돈이나 물품을 써서 없애는 일.

사라질 소消, 쓸 비費

言語
언 어

言 語

말씀 언   말씀 어

- 말을 잘하는 것은 중요하다.
- 말은 의사소통 그 이상의 의미를 지닌다.
- 세상의 모든 일은 말을 통해서 이루어지기 때문에 말을 잘하는 것도, 잘 이해하는 것도, 잘
  들어주는 것도 모두 중요하다.

一言不中千語無用
일 언 부 중 천 어 무 용

➡ 한 마디 말이 이치에 맞지 아니하면 천 마디 말도 쓸모가 없어
진다.

핵심 한자 풀이

中
맞을 중

① 가운데 ② 맞다

중용中庸 : 어느 쪽으로도 치우치지 않고 가운데에 있어 떳떳함.
　　떳떳할 庸

백발백중百發百中 : 백 번 쏘아서 백 번 맞춤. 쏘기만 하면 어김
　　없이 맞음. 계획이나 예상 따위가 꼭꼭 들어맞음. 쏠 發

千
일천 천

천리안千里眼 : 천 리 밖의 것도 볼 수 있을 만한 시력. 사물을 잘
　　꿰뚫어 보는 뛰어난 능력. 눈 眼

천차만별千差萬別 : 천 개가 어긋나고 만 개가 다름. 가지각색으
　　로 다르고 차이가 많음. 어긋날 差, 다를 別

천신만고千辛萬苦 : 천 번 매운맛을 보고 만 번 쓴맛을 본다는 의
　　미로, 온갖 고생을 하고 애를 씀을 비유하는 말. 매울 辛, 쓸 苦

語
말 어

유언비어流言蜚語 : 흐르는 말과 날아다니는 말. 근거 없이 널리
　　퍼진 소문. 흐를 流, 날 蜚

언어도단言語道斷 : 말의 길이 끊어짐. 어이가 없어서 말문이 막

힘. 길 도道, 끊어질 단斷

用
쓸 **용**

무용지물無用之物 : 쓸모가 없는 사람이나 물건. **없을 무無, ~의 지之, 물건 물物**

어용御用 : 임금이 사용함. 정부나 권력기관에 영합하여 자주성 없이 행동함을 낮잡아 이르는 말. **임금 어御**

한 마디의 말이라도 깊이 생각해서 하라는 이야기이다.

❷利❶人❸之❹言❺煖❼如綿❻絮　傷❶人❷之❸語❹利❺如❼

이 인 지 언 난 여 면 서　　상 인 지 어 이 여

荊❻棘　❶一❷言❸半❹句❺重❼值❻千金　❶一❷語傷❹

형 극　　일 언 반 구 중 치 천 금　　일 어 상

❸人痛❺如❽刀❻割❼

인 통 여 도 할

《增廣賢文증광현문》

➡ 사람을 이롭게 하는 말은 따뜻하기가 솜과 같고, 사람을 상하게 하는 말은 날카롭기가 가시와 같다. 한 마디 말과 반 마디 이야기는 중요하기가 천금의 가치가 되고, 한 마디 말이 사람을 상하게 하는 것은 아프기가 칼로 자르는 것과 같다.

핵심 한자 풀이

利

이로울 이

① 이롭다 ② 날카롭다 ③ 편리하다 ④ 이자 ⑤ 이기다

당리당략黨利黨略 : 정당의 이익과 정치적 계략을 아울러 이르는 말. **무리 당黨, 계략 략略**

예리銳利 : 칼날이나 감각 등이 날카로움. **날카로울 예銳**

편리便利 : 편하고 이로우며 이용하기 쉬움. **편할 편便**

금리인하金利引下 : 빌려 준 돈에 대한 이자를 내림. **끌 인引, 내릴 하下**

전리품戰利品 : 전쟁에 이겨서 얻은 물품. **전쟁 전戰, 물건 품品**

煖
따뜻할 난

난방煖房 : 인공적으로 건물 전체 또는 방 안을 따뜻하게 만드는
일. 방 방房

온난溫暖 : 날씨가 따뜻함. 따뜻할 온溫

綿
솜 면

면직물綿織物: 솜으로 짠 피륙. 베짤 직織, 물건 물物

絮
솜 서

荊
가시나무 형

형애荊艾 : 가시나무와 쑥이라는 뜻으로 잡초雜草를 이르는 말.
쑥 애艾

棘
가시나무 극

일일부독서 구중생형극一日不讀書 口中生荊棘 : 하루라도 책을
읽지 아니하면 입 가운데에 가시가 생긴다. 읽을 독讀, 글 서書

극피동물棘皮動物 : 피부에 석회질의 가시가 돋쳐 있는 동물. 성
게, 불가사리, 해삼 등. 가죽 피皮, 움직일 동動

値
값 치

가중치加重値 : 대푯값이나 지수를 셈할 때, 전체에 대하여 각
요소가 가지는 중요성의 값을 나타내는 비율. 더할 가加, 중요할
중重

무가치無價値 : 아무런 값어치나 쓸모가 없음. 없을 무無, 값 가價

痛
아플 통

진통제鎭痛劑 : 아픔을 진정시키는 약. 중추신경에 작용하여 환
부患部의 아픔을 마취하고 진통하는 약. 진압할 진鎭, 약 제劑

무통분만無痛分娩 : 통증 없이 아이를 낳음. 마취나 정신요법으
로 산모가 진통을 느끼지 않고 아이를 낳는 일. 없을 무無, 나눌
분分, 해산할 만娩

다른 사람과 말할 때는 3할만 말하고

❷❶❸ ❹ ❺ ❻
逢人且說三分話
봉 인 차 설 삼 분 화

❺ ❸ ❹ ❶ ❷
未可全抛一片心
미 가 전 포 일 편 심

❼ ❻ ❶ ❺ ❷ ❸ ❹
不怕虎生三個口
불 파 호 생 삼 개 구

❶ ❼ ❷ ❸ ❹ ❺ ❻
只恐人情兩樣心
지 공 인 정 양 양 심

➡ 사람을 만나고 또 말을 할 때에 3할만 말하고 한 조각 마음까지 모두 던져 버려서는 안 된다. 호랑이에게 세 개의 입이 생겨나는 것을 두려워하지 말고 다만 인간의 감정에 두 개 모양의 마음이 생겨날까를 두려워하라.

핵심 한자 풀이

逢
만날 **봉**

상봉相逢 : 서로 만남. **서로 상相**

봉욕逢辱 : 욕된 일을 만남. **욕보일 욕辱**

봉착逢着 : 어려운 처지나 상태에 맞닥뜨림. **붙을 착着**

分
할(10%) **분**

① 나누다 ② 분별하다 ③ 단위(10%)

분기점分岐點 : 갈라지는 지점이나 시기. **갈림길 기岐, 점 점點**

분별력分別力 : 옳고 그름 등을 적당하게 판단하는 능력. **구별할 별別**

십분十分 : 10×10%=100%. 분량이나 요구 조건 등이 만족할 만큼 충분히. **열 십十**

Tip 未可 미가 | 가능하지 않다. 안 된다.

抛
던질 **포**

① 던지다 ② 버리다

포물선抛物線 : 물체가 반원 모양을 그리며 날아가는 선. **물건 물 物, 줄 선線**

포기抛棄 : 하던 일을 중도에 그만두어 버림. **버릴 기棄**

怕
두려워할 **파**

파구怕懼 : 두려워함. **두려워할 구懼**

337

酒逢知己千鍾少 話不投機一句多
주 봉 지 기 천 종 소 　 화 불 투 기 일 구 다

《明賢集명현집》

➡ 술은 자기를 알아주는 사람을 만나면 천 잔도 적은 것이고, 말
은 틀에 던져지지 않으면(기준이나 상황에 맞지 않으면) 한 마디도
많은 것이다.

핵심 한자 풀이

鍾
술잔 종

종유석鐘乳石 : 술잔이나 젖 모양의 돌. 돌고드름. **젖 유乳, 돌 석石**

投
던질 투

투호投壺 : 병 속에 긴 막대기를 던져 넣는 놀이. **병 호壺**

투표投票 : 표를 던지는 일. 뽑고 싶은 사람의 이름이나 찬성 반
대를 기입하여 상자 속에 넣는 일. **표 표票**

機
틀 기

기관機關 : 틀에 맞게 만든 기관. 목적을 위해 설치된 조직. **기관 관
關**

기구機構 : 어떤 목적이나 기능을 위해 구성한 조직이나 기관.
얽을 구構

비행기飛行機 : 사람이나 물건을 싣고 공중을 나는 기계. **날 비
飛, 다닐 행行**

해설

누군가 자기를 알아주면 행복한 것이고, 상황에 맞지 않는 엉
뚱한 말은 하지 말아야 한다는 이야기이다.

交 友

交 友
사귈 교　친구 우

- 친구와의 사귐은 행복이다.
- 친구는 가족과는 나눌 수 없는 그 무엇을 나눌 수 있는 존재다.
- 부모형제와도 주고받을 수 없는 무엇인가를 주고받을 수 있는 존재가 친구이기에 친구 역시 부모형제 못지않은 중요한 사람이고, 그러하기에 친구와의 우정을 중요하게 생각해야 한다.

家語云　與好人同行如霧露中行
가 어 운　여 호 인 동 행 여 무 로 중 행

雖不濕衣時時有潤　與無識人同行
수 불 습 의 시 시 유 윤　여 무 식 인 동 행

如厠中坐　雖不汚衣時時聞臭
여 측 중 좌　수 불 오 의 시 시 문 취

➡ 가어에 이르기를 '좋은 사람과 더불어 같이 가는 것은 안개나 이슬 가운데를 가는 것과 같아서 비록 옷이 젖지는 않더라도 시간 시간 물기가 있게 되는 것이고, 무식한 사람과 더불어 같이 가는 것은 뒷간 가운데에 앉아 있는 것과 같아서 비록 옷을 더럽히지는 않더라도 시간 시간 악취를 맡게 되는 것이다.'

핵심 한자 풀이

公子家語
공 자 가 어
공자와 그 제자들의 언행을 수록한 열 권짜리 책으로 《논어》에서는 볼 수 없는 공자의 인간적인 면모를 느낄 수 있다.

霧
안개 **무**
무산霧散 : 안개가 흩어지는 것처럼 흔적 없이 사라짐. **흩어질 산散**
오리무중五里霧中 : 5리(2킬로미터)가 안갯속이다. 무슨 일에 대하여 알 수 있는 방법이 없음을 일컫는 말.

露
이슬 로

① 이슬 ② 드러내다

초로草露 : 풀에 맺힌 이슬이란 뜻으로, 덧없는 인생을 비유하여
사용함. **풀 초草**

노골露骨 : 뼈를 드러낸다는 뜻으로, 조금도 꾸미지 않고 있는
그대로 드러냄. **뼈 골骨**

濕
젖을 습

제습除濕 : 습한 기운을 없앰. **없앨 제除**

습도濕度 : 대기 중에 들어 있는 수증기의 정도. **정도 도度**

潤
물기 윤

윤활潤滑 : 물기나 기름기가 있어 빽빽하지 않고 미끄럽고 부드
러움. **미끄러울 활滑**

윤기潤氣 : 물체의 표면에 나타나는 반질반질하고 매끄러운 기
운. **기운 기氣**

厠
뒷간 측

측간厠間 : 변소. 뒷간. **방 간間**

汚
더러울 오

오염汚染 : 더러움으로 물들임. 공기나 물 따위가 세균 등에 의
하여 독성을 갖게 됨. **물들일 염染**

탐관오리貪官汚吏 : 탐욕스러운 벼슬아치와 더러운 관리. 욕심
많고 깨끗하지 못한 벼슬아치. **욕심낼 탐貪, 벼슬아치 관官, 벼슬아
치 리吏**

해설
친구나 이웃이 사람에게 미치는 영향이 매우 크므로, 교양 있
는 사람과 만나 사귀는 것이 필요하다.

相識滿天下 知心能幾人
상 식 만 천 하　　지 심 능 기 인

《增廣賢文증광현문》

⟹ 서로 아는 사람은 천하(하늘 아래, 온 세상)에 가득할지라도 마음을 알아주는 사람은 능히 몇 명이나 되겠는가?

핵심 한자 풀이

識
알 식

식견識見 : 생각. 훌륭한 의견. 생각해 볼 견見
식자우환識字憂患 : 글자를 아는 것이 오히려 근심을 가지게 한다. 글자 자字, 근심할 우憂.

患
근심 환

환난상휼患難相恤 : 근심스럽고 어려운 일을 당하면 서로 구휼해 준다. 어려울 난難, 서로 상相, 구휼할 휼恤
숙환宿患 : 오래 묵은 병. 오랠 숙宿

幾
몇 기

① 몇 ② 기미, 낌새
기하幾何 : 얼마, 물건의 크기나 위치에 관한 성질을 연구하는 수학의 한 분과. 얼마 하何
기미幾微 : 느낌으로 알아차릴 수 있는, 일이나 상황의 되어 가는 형편. 작을 미微

酒食兄弟千個有 急難之朋一個無
주 식 형 제 천 개 유 급 난 지 붕 일 개 무

《增廣賢文증광현문》

 술과 음식이 있을 때에는 형제처럼 하는 사람이 천 명이나 있지만, 급하고 어려울 때의 친구는 한 명도 없다.

핵심 한자 풀이

酒
술 주

음주가무飮酒歌舞 : 술 마시고 노래하고 춤을 춤. **마실 음飮, 노래 가歌, 춤출 무舞**

안주按酒 : 술을 어루만져 줌. **어루만질 안按**

食
먹을 식

식무구포食無求飽 : 먹음에 배부름을 구하지 않는다. **말라(금지) 무無, 구할 구求, 배부를 포飽**

회식會食 : 모여 함께 음식을 먹음. **모일 회會**

急
급할 급

급성急性 : 급한 성질. 급작스럽게 일어나는 성질의 병. **성질 성性**

급행急行 : 빨리 감. **갈 행行**

구급약救急藥 : 위급함에서 건져 주는 약. **건질 구救, 약 약藥**

難
어려울 난

난공불락難攻不落 : 공격이 어려워 함락시키지 못함. **공격할 공攻, 함락할 락落**

난독증難讀症 : 읽는 능력에 장애가 있어 글을 이해하는 데 어려움이 있는 증세. **읽을 독讀, 증세 증症**

路遙知馬力 日久見人心
로 요 지 마 력　일 구 견 인 심

《事林廣記사림광기》前集九전집 下하 〈結交警語결교경어〉, 《增廣賢文증광현문》

● 길이 멀어야 말의 힘을 알 수 있고, 날이 오래되어야 사람의
　마음을 볼 수 있다.

핵심 한자 풀이

事林廣記　중국 송나라 학자 진원정이 편찬한 중국 고대부터
사 림 광 기　내려오는 민간 백과사전

遙
멀 요
　요원遙遠 : 아득히 멂. 멀 원遠
　요배遙拜 : 멀리 떨어져 있는 대상이 있는 쪽을 향하여 절함. 절
　　할 배拜

久
오랠 구
　지구력持久力 : 오래 지탱할 수 있는 힘. 어떤 일을 오래하거나
　　버티는 힘. 가질 지持
　미구未久 : 앞으로 오래지 않음. 아닐 미未
　내구성耐久性 : 오래 견디는 성질. 견딜 내耐, 성질 성性

勸學
권 학

勸　學

권할 권　학문 **학**

- 학문에 힘쓸 것을 권하다.
- 젊었을 때에 반드시 해야 하는 학문을 권하는 일은 어른들의 임무이다.
- 평생 배워야 하지만 특히 젊었을 때에 배워야 하는 이유는 젊었을 때 배워야 평생 활용할 수
  있기 때문이다. 늙은 뒤에 후회하지 말고 젊었을 때에 시간을 아껴서 학문에 힘써야 한다.

朱子曰　勿謂今日不學而有來日
주 자 왈　물 위 금 일 불 학 이 유 내 일

勿謂今年不學而有來年　日月逝矣
물 위 금 년 불 학 이 유 내 년　일 월 서 의

歲不我延　嗚呼老矣是誰之愆
세 불 아 연　오 호 노 의 시 수 지 건

朱子주자 〈勸學文권학문〉

➡ 주자가 말하길 "오늘 배우지 아니하여도 내일이 있다고 말하
지 말고 금년에 배우지 않아도 내년이 있다고 말하지 말라.
날도 달도 가는 것이고 세월은 나를 위해 늘어나지 않는다.
아하! 늙었구나. 이것은 누구의 허물이란 말인가?"

핵심 한자 풀이

朱子
주자
12세기 중국 송나라(남송) 때의 학자 주희. 유교의 주류 학파
인 성리학(주자학)을 집대성했다.

勿
~하지 말라 물

물망勿忘 : 나를 잊지 마소서. 잊을 망忘

비례물시非禮勿視 : 예의가 아닌 일은 보지도 말라. 아닐 비非, 예
의 예禮, 볼 시視

謂 말할 위	소위所謂 : 흔히 말하는 바대로. 바 소所
逝 갈 서	서거逝去 : 저세상으로 가는 일. 죽음. 갈 거去 요서夭逝 : 젊은 나이에 죽음. 어릴 요夭
矣 어조사 의	만사휴의萬事休矣 : 모든 일이 그쳐 버렸구나. 헛수고로 돌아갔 구나. 모두 만萬, 그칠 휴休
歲 세월 세	① 해 ② 세월 세모歲暮 : 한 해가 저물어 가는 시간. 한해의 끄트머리. 저물 모暮 허송세월虛送歲月 : 하는 일 없이 세월을 헛되이 보냄. 빌 허虛, 보낼 송送
延 늘일 연	연체延滯 : 이행해야 할 채무나 납세 등을 기한이 지나도록 지체 함. 막힐 체滯

 嗚呼 **오호** | 감탄사

誰 누구 수	수원수구誰怨誰咎 : 누구를 원망하고 누구를 책망할 것인가? 자 신의 책임이다. 원망할 원怨, 책망할 구咎
老 늙을 노	생로병사生老病死 : 사람이 반드시 겪어야 하는, 나고 늙고 병들 고 죽는 네 가지 큰 고통. 날 생生, 병들 병病, 죽을 사死
愆 허물 건	

少年易老學難成　一寸光陰不可輕
소　년　이　로　학　난　성　　일　촌　광　음　불　가　경

未覺池塘春草夢　階前梧葉已秋聲
미　각　지　당　춘　초　몽　　계　전　오　엽　이　추　성

朱子주자〈優性우성〉

➡ 소년(젊은이)은 늙기가 쉽고 학문은 이루기가 어렵나니, 아주 짧은 시간일지라도 가볍게 여겨서는 안 된다. 연못 제방의 봄 풀은 꿈속에서 깨어나지 못하고 있는데(아직 싹도 틔우지 못하였는데) 섬돌 앞의 오동나무 잎은 이미 가을 소리를 내는구나.

핵심 한자 풀이

易
쉬울 이

① 바꾸다 [역] ② 쉽다

역지사지易地思之 : 처지(입장)를 바꾸어서 그것을 생각한다. 입장 지地, 생각 사思, 그것 지之

난이도難易度 : 어렵고 쉬움의 정도. 어려울 난難, 정도 도度

難
어려울 난

피난민避難民 : 천재지변이나 전쟁을 피하여 다른 나라나 다른 지방으로 옮겨 가는 백성. 피할 피避, 백성 민民

난형난제難兄難弟 : 누구를 형이라 누구를 아우라고 하기 어렵다. 우열을 가릴 수 없는 상황. 형 형兄, 아우 제弟

寸
마디 촌

촌극寸劇 : 아주 작은 연극. **연극 극劇**

촌철살인寸鐵殺人 : 아주 작은 철(칼)로도 사람을 죽인다. 짧은 경구로 사람의 마음을 찔러 감동시킴을 이르는 말. **쇠 철鐵, 죽일 살殺, 사람 인人**

Tip 光陰 광음 ┃ 시간. 햇빛과 어두움이 교체하면서 만들어 내는 것. **빛 광光, 그늘 음陰**

輕
가볍게여길 경

경거망동輕擧妄動 : 경솔하게 들고 망령되게 행동함. 생각해 보지 않고 함부로 행동함. **들 거 擧, 망령될 망妄, 행동할 동動**

池
연못 지

배수지配水池 : 물을 분배해 주는 저수지. 물을 나누어주기 위해 수원지水源池로부터 끌어온 물을 모아 두는 저수지. **나눌 배配, 물 수水**

塘
제방 당

지당池塘 : 연못이 있는 제방. 물이 괴어 있는 곳. **연못 지池**

夢
꿈꿀 몽

일장춘몽一場春夢 : 한바탕의 봄꿈. 헛된 영화나 덧없는 일을 비유하여 이르는 말. **마당 장場, 봄 춘春**

몽유병夢遊病 : 꿈속에서 노는 병. 수면 중에 일어나서 일상적인 행동을 하다가 다시 잠에 드는 병적 증세. **놀 유遊**

階
섬돌 계

계층階層 : 사회적 지위와 역할에 따라 구별되는 비슷한 사람들의 부류. **층 층層**

계급階級 : 사회적으로 동일한 조건이나 비슷한 수준 아래 놓여 공통된 이해관계와 행동 방식을 지니는 집단. **등급 급級**

梧
오동나무 오

오추梧秋 : 오동잎이 지는 가을이라는 의미로, 음력 칠월을 가리키는 말. **가을 추秋**

잎 엽

엽서葉書 : 우편엽서의 준말. 잎사귀처럼 작은 편지지. **편지 서書**

일엽지추一葉知秋 : 나뭇잎 하나가 떨어지는 것을 보고 가을이 온 것을 안다. 하찮은 조짐을 보고 앞으로 일어날 일을 미리 안다는 말. **알 지知, 가을 추秋**

已
이미 이

이왕지사已往之事 : 이미 지나간 일. **갈 왕往, ~의 지之, 일 사事**

荀子曰 不積跬步 無以至千里 不
순 자 왈　부 적 규 보　무 이 지 천 리　부

積小流 無以成江河
적 소 류　무 이 성 강 하

《荀子순자》〈勸學권학〉편

⊙ 순자가 말하기를 "반걸음을 쌓지 아니하면 그것으로써 천 리
　에 이름이 없고, 작은 물의 흐름들이 쌓이지 아니하면 그것으
　로써 강이나 하천을 이루어냄도 없는 것이다."

핵심 한자 풀이

積
쌓을 적

적선積善 : 착함을 쌓음. 선한 일을 많이 함. **착할 선善**

퇴적堆積 : 많이 덮쳐 언덕처럼 쌓임. **높이 쌓을 퇴堆**

적소성대積小成大 : 작은 것이나 적은 것도 쌓이면 크게 되거나
　많아짐. **이룰 성成**

跬
반걸음 규

규보跬步 : 반걸음, 또는 그 정도의 가까운 거리. **걸음 보步**

河
내 하

하구河口 : 강물이 바다나 호수 또는 다른 강으로 흘러 들어가는
　어귀. **입 구口**

운하運河 : 운반하기 위한 하천. 선박의 통행이나 농지의 관개
　배수를 위하여 육지를 파서 만든 물길. **운반할 운運**

351

명심보감으로 배우는 한자

2016년 11월 20일 초판 1쇄 발행

지은이 | 권승호

펴낸이 | 노경인 · 김주영

펴낸곳 | 도서출판 앨피

출판등록 | 2004년 11월 23일 제2011-000087호

주소 | 우)120-842 서울시 영등포구 영등포로 5길 19(37-1 동아프라임밸리) 1202-1호

전화 | 02-336-2776 팩스 | 0505-115-0525

전자우편 | lpbook12@naver.com

홈페이지 | www.lpbook.co.kr

ISBN 979-11-87430-07-0 03710